지적이고
과학적인

음주
탐구
생활

술에 관한 깊고 넓은
인문학 강의

지적이고
과학적인

음주
탐구
생활

허원 지음

더숲

마구잡이 술꾼들 틈에서
술을 마시지 않는 건 여러모로 유리하죠.

F. 스콧 피츠제럴드 《위대한 개츠비》 중에서

저자의 말

술을 마시며 이야기합시다

　　빵보다 술이 먼저 생겼다면 이상할까? 과거 인류가 정착하고 농경을 시작한 이유가 술이라면 지나친 억측일까? 이를 뒷받침하는 고고학적인 증거가 발표된 적이 있는가 하면, 주장하는 학자도 있다.

　　하지만 무엇보다 확실한 사실은 술은 인류와 그 역사를 함께 걸어왔다는 점이다. 지역의 풍토와 문화를 담는가 하면, 시대적 상황과 변화를 반영했다. 그 과정 속에서 술은 문화인류학·과학·지리학·역사 등 다양한 분야와 만나게 되었고, 단순한 음료 이상의 모습을 갖추게 되었다.《지적이고 과학적인 음주탐구생활》은 그러한 술과 음주에 관한 지식을 가능한 한 깊고 넓게 담아내고자 했다.

　　여러 술에 대한 이야기를 시작하기에 앞서, 프롤로그에서는 음주는 진화의 유산이고, 술의 역사는 우리 생각보다 아주 오래되었음을 과학적 근거와 함께 이야기하고자 한다.

　　식욕은 본능이지만 우리는 맛을 따지면서 음식을 가린다. 술도 그렇다. 특히 와인의 맛은 미사여구를 섞어 호들갑스럽게 평가하곤 한다. 소믈리에뿐만 아니라 와인 비평가나 전문가들이 모인 와인 비즈니스 생태계가 거대한 진을 치고 있다. 와인 문화는 우리나라에도 상륙했다. 마니아층도 생겨났다. 아직은 우리나라에서 많은 사람이 마시는 술은 아니지만, 이 책은 전반부에서 제일 먼저 와인을 다루었다. 다른 술보다 발효 공정이 단순하고, 맛의 원리를 생각해 볼 수 있는 술이기 때문이다. 우리가 그동안 알지 못했던 와인 포도를 재배 환경과 와인을 발효하는 과정에 주목하며 이야기를 풀었다. 1장 〈혀끝을 은은하게 하는 와인의 과학〉을 읽으면 앞으로 소믈리에가 말하는 생소한 단어들을 조금은 쉽게 이해할 수 있을 것이다. 지식의 혀로 감각하는 와인 맛의 세계로 입문하게 될지도 모른다.

2장 〈인정사정없는 맥주의 비즈니스〉에서는 인류 역사상 가장 오래된 술로서 맥주를 주목한다. 맥주는 동시에 전 세계인이 가장 많이 마시는 술이다. 끊임없는 진화와 변신의 결과이다. 지구촌 어디를 가나 맥주가 없는 곳은 없다. 수천 년 전의 고대 맥주가 변신에 변신을 거듭하여 맑은 황금빛 톤의 현대 맥주가 된 과정을 문화적·산업적 관점에서 그렸다. 역사의 변혁기마다 발전한 맥주 양조 기술과 서양의 역사가 그대로 투영된 맥주의 역사 이야기는 덤이다. 맥주의 맛 역시 산업 사회를 거치면서 진화해 온 양조 기술의 결과물이다. 대량 생산되는 맥주보다 수제 맥주나 수입 맥주의 맛은 더 매력적이다. 복고풍 맥주의 맛은 양조 지식을 아는 만큼 더 맛있어 질지도 모른다.

　3장 〈예술적인 누룩의 발효 시간〉에서는 누룩을 집중적으로 다루었다. 동양에서는 누룩으로 술을 만든다. 한중일뿐만 아니라 동남아에서도 누룩은 널리 쓰인다. 막걸리와 약주는 물론이고 우리 전통주부터 사케까지 모두 누룩술이다. 서양에서는 보리 싹을 틔어 몰트를 만들지만, 동양에서는 곰팡이를 피워 누룩을 만들었다. 누룩곰팡이는 우리 삶의 일부였지만 이제는 사라졌다. 우리 전통주도 역사 속으로 사라졌지만 일본 사케는 서양인도 즐겨 찾는 술이다. 전통주를 복원시켜 세계적인 술을 만들 수는 없을까? 누룩술 이야기를 찬찬히 모아 냈다.

　우리 소주도 중국의 고량주도 모두 누룩술을 증류한 것이다. 그러나 조금씩 다르다. 브랜디는 와인을 위스키는 홉을 넣지 않는 맥주를 증류한 술이다. 보드카·럼·데킬라는 위스키의 사촌일까? 마지막 4장 〈쌉싸름하지만 끌리는 요사스러운 독주〉에서는 증류주의 기원과 족보를 따져 보았다. 우리의 술 소주는 어떤 술일까?

　필자는 대학에서 20년 넘게 양조 공학을 강의했다. 강의 노트를 책으로 남기고 싶었다. 다른 과목은 학생들을 가르치고 교류하는 데 그쳤지만, 양조 공학은 견학이나 실습 같은 과외 활동이 많았다. 강의노트를 만들고 자료를 정리하면서 이 술 저 술 맛보는 재미도 생겼다. 마시는 술 종류도 다양해졌다. 강의 시간에 술맛이나 술의 역사에 대하여 이야기도 늘었다. 강의 현장에서 학생들과 나누었던 그 이야기들을 이 책에 고스란히 담았다. 술이 인간사에 자리 잡기 시작했던 그 순간과 지금 이 시대, 술을 마시며 살아가는 사람들을 둘러싼 각양각색의 지식들을 한데 묶고 싶었다. 술과 인간의 관계는 앞으로도 언제까지나 함께할 것이다.

허원

차
례

저자의 말 **술을 마시며 이야기합시다** 7

프롤로그
아주 오래된 술 이야기부터 14

침팬지가 마신 술 14 | 우리는 왜 술을 마실까 18 | 호모 사피엔스 이전의 술 20 | 술이
뇌를 교란하는 과정 22 | 태초에 술이 있었다 25 | 신석기 시대의 음주 28 | 인류 최초의
맥주 30 | 로마에서 흥행한 와인 33 | 술에 취한 고대의 코끼리 35

1강
혀끝을 은은하게 하는 와인의 과학 39

포도 맛이 나는 술 41 | 와인을 둘러싼 마케팅 조직 43 | 교황청의 와인 소비 46 | 레드 와인에 좋은 따스한 날씨 48 | 덴마크의 구운 와인 51 | 단맛과 일조량의 관계 53 | 포도가 알코올이 되는 과정 55 | 효모의 정체 58 | 효모의 까다로운 식성 59 | 발효와 알코올의 과학 60 | 척박한 땅이 결정짓는 맛 63 | 달달한 향미를 위하여 66 | 과육의 신맛을 좌우하는 것 69 | 드라이한 감각과 스테이크 72 | 포도 향기가 된 아로마 분자 74 | 수천 년에 걸친 제조법 77 | 와인을 익히는 온도 79 | 검붉은 빛깔과 바디감 81 | 오래 두어 좋아지는 것 83 | 오크통에 대한 과학적 해석 85 | 형언할 수 없는 맛의 영역 87

2강
인정사정없는 맥주의 비즈니스 91

세상에서 가장 오래된 술 93 | 고대 맥주의 원조, 에일 96 | 맥주 비즈니스의 세계 정복 101 | 깔끔함으로 진화한 라거 103 | 국산 맥주에 대한 변론 106 | 투명한 황금빛과 거품의 미감 109 | 맑은 술을 위한 노력 112 | 톡 쏘는 탄산을 위한 발효 114 | 홉이라는 식물과 맥주의 맛 116 | 맥주에 끌리는 과학적 이유 119 | 싹 튼 보리로 만든 술 122 | 맥주 맛을 개발하는 기술력 125 | 볶으면 볶을수록 고상한 향기가 127 | 짙은 갈색 스타우트와 검은색 기네스 129 | 곡물 메이저 기업과 대량 생산 131 | 맥주 제조의 양조 과학 134 | 갈변을 일으키는 화학 반응 136 | 적당한 맥아즙의 당도 138 | 야생성을 잃은 미생물 141

3강
예술적인 누룩의 발효 시간 147

동양의 술 베이스 149 | 전통이 된 누룩곰팡이의 신비함 152 | 술과 인간과 곰팡이의 관계 154 | 세균이 자라는 촉촉한 환경 156 | 막걸리와 청주의 미생물학 158 | 고두밥에서 벌어지는 각축전 160 | 고릿한 누룩 향의 호불호 162 | 숨결에 남는 고급 알코올 164 | 저마다 다르게 느끼는 술의 향 165 | 사케의 신맛에 대하여 167 | 집집마다 담갔던 한국의 가양주 170 | 동의보감에 적힌 전통주 171 | 약주에 담긴 식민지 역사 173 | 하루 만에 만들어 마시는 곡주 176 | 막걸리가 직면한 고민들 177 | 누룩으로 만든 중국과 일본의 술 181 | 황주의 붉은 기운 183 | 일본인의 입맛이 선별한 효모 185 | 사케에 대한 일반 상식 186 | 탁한 술과 맑은 술의 매력 191

4강
쌉싸름하지만 끌리는 요사스러운 독주 193

아주 오래된 증류주의 기원 195 | 상하지 않는 술의 비밀 197 | 증발하는 알코올에 관한 생각 200 | 쓰디쓴 맛을 위한 노하우 201 | 원재료의 강렬한 향 203 | 향기까지 잘 마시는 방법 205 | 백조의 목에서 위스키 향을 208 | 옥수수 위스키와 헤밍웨이의 럼 210 | 백주에서 느껴지는 춘장의 향 213 | 고구마와 감자로 만든 술 215 | 아일랜드 사람들의 자부심 217 | 한국 소주의 이름과 원형 220 | 자꾸 생각나는 소주의 쌉싸래한 맛 222 | 맛을 디자인하는 첨가제 226 | 산업 혁명과 위스키 시대 230 | 중독자를 양산한 독주와의 전쟁 232 | 특별하고 마법 같은 오크통 234 | 어디론가 날아가는 '천사의 몫' 236

에필로그 애주가들이 사는 나라 239
주석 247

프롤로그

아주 오래된 술 이야기부터

침팬지가 마신 술

인류의 탄생 이전에도 이미 술이 있었던 것 같다. 야자 와인도 그중 하나라고 추정된다. 지금도 야자 와인은 아프리카와 동남아시아에서 매우 흔한 술인데 야자수가 풍부한 열대 지방에는 대부분 이 술이 있다. 만드는 방법도 단순하다. 그저 야자수의 수액을 받아 두면 저절로 발효되어 굳이 사람의 손이 필요하지 않다. 야자 와인의 주원료인 야자수 화석의 연대는 무려 5,400만 년이나 거슬러 올라가, 그때에도 술이 있었을 것으로 짐작되지만 정확한 기원을 알 수는 없다. 다만 야자 와인이 최초의 술이고, 음주 역사의 시초라는 추론이 가능하다.

야자수 수액은 박쥐의 주식이기도 하다. 박쥐는 야자수 수액을 먹고 벌처럼 꽃가루를 옮긴다. 그렇다면, 수액이 발효된 야자 와인도 마셨을까? 실제로 박쥐가 어땠는지는 모르지만, 야생 침팬지는 마신다. 2015년, 야생 침팬지가 나뭇잎을 스펀지처럼 이용해 발효된 야자수 수액을 적셔 마시는 영상이 학계에 보고된 바 있다[1].

연구자들이 침팬지가 마시던 수액을 채취해 분석한 결과, 맥주 도수 정도의 알코올이었다고 한다. 열대 기후에서 당분이 많은 야자수 수액에 자연스럽게 효모가 생기면 발효주가 된다. 역시 최초의 음주는 인간으로부터 시작된 것이 아닌 듯하다. 아프리카 혹은 동남아시아에서는 야자 와인을 판매하는 곳을 흔히 볼 수 있는데, 막걸리와 비슷한 탁한 술이다. 사실 필자는 야자 와인의 시음을 적극적으로 권하진 않는다. 맛도 맛이지만 박쥐에서 유래한 인수 공통 질병에 감염될 수도 있기 때문이다.

아무튼, 야자수 수액이 저절로 발효되어 술이 된다니! 놀랍지만, 나무 열매가 저절로 발효되어 술, 즉 '술 열매'가 되는 일은 자연에서 드물지 않다. 술 열매를 먹고 하늘을 날던 새떼가 떨어져 죽는 사건도 가끔 발생한다. 한두 마리가 아니라, 새떼가 한꺼번에 떨어져 죽는 것이다. 최근에야 부검을 통해 새떼의 죽음의 원인이 확인되었다[2].

죽은 애기여새Ceder Waxwing의 간에서 과량의 알코올이 발견되었다. 새들의 먹이인 산딸기 같은 베리 종류의 열매가 저절로 발효되어 알코올이 되었기 때문이라고 한다. 떼죽음의 원인이 바로 음주 비행이라는 것이다. 술 취한 새들이 무리 지어 비행하다가 건물에 충돌하거나 바닥에 떨어져 죽는다니, 안타깝고도 놀랍다.

이런 음주 비행 사고는 한 지역에만 머무는 텃새보다 철마다 이리저리 옮겨 다니는 철새에게서 볼 수 있다. 철새인 애기여새는 간이 크다. 담력을 말하는 것이 아니라, 실제로 간의 크기가 크다. 멀리 이동하기 전에 많이 먹고 영양분을 저장하기 위해서다. 그래서 이주를 시작하기 전 발효된 술 열매를 많이 먹고 장거리 비행에 나섰다가 단체로 갑작스러운 사고를 당하곤 한다. 음주로 인한 철새의 떼죽음은 자주 발생하는 사건은 아니다. 철새들은 본능적으로 안전한 먹이를 골라 먹고 때에 맞추어 이동하는 생존의 법칙을 잘 알고 있다.《내셔널 지오그래픽National Geographic》은 철새의 떼죽음을 두고 지구 온난화의 영향이라고 분석하기도 했다. 온난화의 영향으로 낮 기온이 높게 상승하면서 저절로 발효된 술 열매가 많아졌다는 것이다.

그렇다면, 나무 열매는 어떻게 저절로 발효되어 알코올을 만들까? 그것은 효모균 때문이다. 효모는 열매 안에서 과육의 당분을 먹고 알코올을 만든다. 열매에서 씨를 둘러싸고 있는 속살, 즉 과육은 본래 씨앗을 멀리 퍼뜨리기 위한 수단이다. 씨앗이 여물어 유전자를 퍼뜨릴 준비가 되면 따스한 햇볕을 모아 당분을 만들어 낸다. 씨앗은 단단한 외피로 싸여 보호되지만, 과육의 단맛은 동물을 유혹한다. 당분이 있는 곳에 벌레가 꼬이듯, 나무 열매에는 눈에 보이지 않는 여러 미생물이 많이 붙어 자란다. 과즙이나 진액을 조금씩 먹어 가며 기생하던 효모가 과일의 껍질에 난 상처를 따라 과육으로 침투하여 빠르게 자란다. 이렇게 씨앗을 퍼뜨리기 위해 존재하는 과육에 효모가 생기고 자라, 술 열매가 된다. 이렇게 보면, 아무래도 술의 기원은 5,400만 년 전 야자수와 진화의 시간을 한참 거슬러 올

라가 당분을 저장하는 식물이 생겨난 시점으로 여기는 것이 합리적
일 듯싶다.

우리는 왜 술을 마실까

현대 사회에서 술을 잘 마시는 것은 긍정적으로 묘사되거나, 사
회생활 덕목 중 하나로 치부되곤 한다. 취중 난동에 대해 관대하고,
술의 폐해를 덮으려는 경향도 짙다. 그 이유는 진화의 관성에서 찾
을 수 있다. 채집 사회 유인원에게는 발효된 나무 열매를 잘 먹고도
탈이 없는 편이 먹이 경쟁이나, 종족을 퍼트리기에 유리했을 것이
다. 다시 말해, 진화의 결과로 술을 잘 마시는 것을 우월하게 느끼도
록 우리의 유전자에 기록된 것 같다. 벗어나기 어려운 유전자의 굴
레다. 그러나 과음이나 집단 음주 같은 음주에 대한 관대함은 진화
의 흔적일 뿐, 현대인에게 바람직한 생활 방식은 아니다. 진화의 속
도에 비해 사회의 변화 속도는 너무도 빠르다.

그렇다면, 우리는 언제부터 술을 마셨을까? 앞서 언급한 것처럼
술의 기원은 인류 문명의 시작 이전으로 거슬러 올라간다. 언제부
터 술을 마셨는지 분명하지 않지만, 현생 인류로 진화하는 긴 여정
에서 우리 유인원 조상이 오랫동안 술 열매와 함께 살아온 것만은
분명하다. 버클리대학교 로버트 더들리Robert Dudley 교수가 발표한
'술 취한 원숭이' 가설은 오늘날 인류가 그토록 알코올에 끌리는 이

유에 대해 잘 설명하고 있다[3].

　인간의 알코올 의존성은 발효된 술 열매를 즐겨 먹었던 유인원이 적자생존을 거쳐 우리의 조상이 되었기 때문이라는 주장이다. 초식草食 동물에서 과일을 먹는 과식果食 동물로 진화하는 과정에서, 술 열매의 알코올에 취해 더 열심히 채집 활동을 하는 종種이 먹이 경쟁에서 유리한 위치를 점한다. 그리하여, 번식도 활발해지고 결국 진화의 중심 줄기가 되어 현생 인류로 진화했다는 것이다. 술꾼이 술을 찾아 헤매듯, 알코올에 취한 초기 유인원도 야생을 헤매며 술 열매를 찾아다녔을 것이다.

　이런 초기 유인원이 우리의 조상이고, 술을 마시면 취하는 이유도 진화 과정에서 프로그램된 유전자에 의해 결정된다. 많은 현생 인류가 알코올에 의존하게 된 것은 술의 항정신적, 습관적 정신 작용을 긍정적인 방향으로 수용한 우리의 유인원 조상 때문이라는 것이 술 취한 원숭이 가설이다.

　술 취한 원숭이 가설은 물리적 증거나 유전자 수준의 분석이 없지만, 우리는 왜 술을 마시는가에 대한 가장 과학적인 답변이다. 알코올 중독이나 숙취의 문제도 설명할 수 있다. 야생 술 열매에서 얻을 수 있는 알코올은 현재 우리가 마시는 술에 비하면 매우 적은 편이다. 열대 지방 야자 와인의 알코올 도수는 맥주 정도이며, 자연 발효된 술 열매는 그보다 적은 양일 것이다. 온종일 술 열매를 먹어도 맥주 몇 병을 마시는 정도이다. 술 취한 원숭이 가설이 옳다면, 결국 음주는 진화의 산물이라고 볼 수 있다. 그렇지만 인간의 몸은 알코올을 농축해서 제조한 현재의 술이 아니라, 과거 자연 발효된 술 열매의 알코올을 소화할 수 있을 만큼만 진화했다.

호모 사피엔스 이전의 술

침팬지와 고릴라는 알코올을 섭취해도 문제가 없다. 그러나 오랑우탄은 문제가 생길 수 있다. 유전자 분석을 통해 침팬지와 고릴라는 음주 활동에 필수적인 음주 유전자를 가지고 있지만, 오랑우탄은 그렇지 않다는 점이 밝혀졌다[4].

사람도 같은 음주 유전자를 가지고 있다. 공통 조상으로부터 같은 유전자를 물려받았기 때문이다. 침팬지, 고릴라, 오랑우탄은 약 1,000만 년 전에 공통 조상으로부터 분리되어 따로 진화했다. 침팬지는 약 700만 년 전에 진화의 줄기에서 분리되고, 현생 인류는 약 20만 년 전에 탄생했다. 음주는 인류의 탄생보다 훨씬 더 오래전인 1,000만 년 전 인간과 원숭이의 공통 조상으로부터 시작된 셈이다. 사람 나고 술이 생긴 게 아니라, 술이 먼저고, 사람이 나중이다.

침팬지, 고릴라, 오랑우탄의 공통 조상은 깨어 있는 시간 대부분을 풀이나 나무줄기를 먹는 데 소비했다. 소나 염소 같은 초식 동물처럼 여가 활동이 거의 없고, 잠을 자거나 먹이를 먹는 단순한 삶을 살았다. 이즈음 나무 열매를 먹는 새로운 유인원이 등장하는데, 이들이 지금 오랑우탄을 제외한 침팬지와 고릴라 그리고 인류의 조상이다. 이 유인원이 칼로리가 높고 소화하는 데 시간이 적게 걸리는 나무 열매를 먹기 시작하면서 여가 활동이 가능하게 되었다. 깨어 있는 동안 먹는 시간을 줄이고 나무 열매를 찾아다니거나 의사소통을 하는 데 더 많은 시간을 보낼 수 있었다. 이들의 여가 활동은 결국 진화를 촉진하고, 오랜 시간을 거쳐 현생 인류의 조상을 탄생시켰다.

풀을 주식으로 삼던 그 옛날 유인원 중 일부는 우연히 발효된 과일을 먹고, 자연스럽게 알코올을 섭취하게 된다. 이때 술 열매 알코올을 무리 없이 섭취하는 쪽이 결과적으로 생존에 유리하게 작용했을 것이다. 또한 음주 유전자에서 만들어지는 알코올 분해 효소를 가진 유인원이 살아남아 진화의 중심 줄기를 차지했다*.

종일 풀만 뜯어 먹는 단순한 삶을 살던 1,000만 년 전의 유인원이 발효된 나무 열매를 먹기 시작한 사건이 현생 인류 탄생의 분기점이다. 우리가 술을 마실 수 있게 된 것은 음주 유전자를 통해 알코올 분해 능력을 유인원 조상으로부터 물려받았기 때문이다. 음주 유전자 덕분에 칼로리가 높은 과일을 주식으로 삼을 수 있었다.

다시 한번 술 취한 원숭이 가설을 요약하자면, 알코올 의존성은 유인원을 적극적으로 채집 활동에 나서게 하고, 인간으로 진화하게 하는 여정으로 이끌었다. 지능을 가진 인간으로 진화하면서 술을

---

* 1,000만 년 전의 유인원이 알코올 분해 효소를 획득하게 된 것은 유전자의 돌연변이에 의한 것이다. 당시 유인원은 원래 식물의 향기 성분인 제라니올을 분해하는 효소를 가지고 있었는데, 우연히 유전자 염기배열의 하나가 달라져 알코올을 분해할 수 있는 효소로 변환되었다.

만드는 방법을 발명하고, 마시게 된 것은 필연이지 않았을까? 우리
가 술을 마시는 이유는 유전자 때문이고, 음주는 진화의 유산이다.

술이 뇌를 교란하는 과정

우리 몸속의 음주 유전자는 알코올 분해 효소를 만든다. 알코올
을 분해하는 효소라면 흔히 간에만 존재한다고 생각하기 쉽다. 대
부분 간에서 알코올을 분해하긴 한다. 그러나 알코올 분해 효소는
사람의 몸에만 일곱 종류가 있고, 각각의 역할이나 기능이 조금씩
다르다*.

그중 음주에 필수적인 알코올 분해 효소는 대부분 식도나 위 그
리고 소장에 있는데, 이는 알코올을 바로 분해하여 식도나 위 소장
같은 소화 기관의 표면에 있는 세포를 보호하는 역할을 하기 때문
이다. 오랑우탄의 소화 기관 점막 세포들은 알코올에 무방비로 노
출되지만, 침팬지나 고릴라의 소화 기관은 알코올 분해 효소로 보
호되기 때문에 장기간 알코올이 포함된 음식을 섭취해도 소화 기관
이 망가지지 않는다. 우리가 평생 술을 마실 수 있는 이유도 알코올

---

*   인간의 유전자를 분석하면 7종의 알코올 분해 효소가 존재하는데, 알코올 분해 효
     소 ADH1은 간에서, ADH4는 소화 기관의 점막 세포에서 알코올을 분해한다. 그
     러나 대부분 알코올은 혈액으로 흡수된 후 간에서 분해되고, ADH4는 위장관의
     점막 세포에 남은 알코올을 제거하여 세포를 보호하는 역할을 한다고 추정하고
     있다.

이 지나가는 길에 세포를 보호하는 1차 방어선 때문이다. 그렇지 않다면 알코올에 직접 노출되는 구강, 식도 및 위장관의 표피 세포는 염증이나 궤양 단계를 거쳐 암세포로 변하게 될 확률이 높아진다. 그 결과는 뻔하지 않겠는가.

간은 원래 해독 작용을 담당하기 때문에 술을 마시지 않는 동물의 간에도 알코올 분해 효소가 있다. 우연히 알코올을 섭취하게 되더라도 간을 보호해야 하고, 장내 세균이 만드는 소량의 알코올을 분해해야 하기 때문이다. 따라서 간의 알코올 분해 효소는 술을 얼마나 마실 수 있는지를 판단하는 데 도움이 되지만, 언제부터 습관적으로 알코올에 노출되었는지를 알려주지는 않는다. 처음엔 우연히 섭취하게 된 알코올을 해독하려고, 나중에는 자연 발효된 과일을 빈번하게 먹어도 소화 기관에 문제없도록 알코올 분해 효소를 만들어 적자생존의 길을 택한 것은 현생 인류로 진화하는 과정에서 결정적인 사건이었다.

일상에서 소독용으로 사용되는 알코올은 세균을 죽이거나, 세균 증식을 막는다. 실제로 알코올에 절인 발효 과일에는 다른 미생물이 잘 자라지 못한다. 효모가 만든 알코올은 다른 미생물에게는 독과 같다. 결과적으로 효모가 당분을 독식하게 된다. 효모가 창궐하고 과육의 당분은 급격하게 고갈되어도 문제없다. 마치 소가 되새김질하듯, 효모는 자신이 만들었던 알코올을 다시 먹어 치우면서 생존을 유지하기 때문이다. 알코올은 다른 미생물에게 독이지만, 효모에게는 임시 저장용 먹거리일 뿐이다.

술 열매에 있는 알코올은 덩치가 큰 동물에 치명적이지는 않지만, 상시 섭취하기에는 부담스러운 정도의 독이다. 철새들의 떼죽음도 술 열매 때문인 것처럼, 알코올은 독이다. 사실 알코올과 비슷하게 생긴 물질들은 모두 독이다. 발효되어 얻어지는 알코올의 정확한 화학 명칭은 에틸알코올, 줄여서 '에탄올'이다. 이 에탄올과 비슷하나, 탄소가 하나 적은 '메탄올'을 마시면 눈이 멀고 심하면 사망에 이른다. 에탄올에 산소 원자가 하나 더 붙은 에틸렌 글리콜은 자동차 부동액으로 사용하는데, 한 잔만 마셔도 생명을 잃을 수 있는 치명적인 독극물이다. 다시 말해, 에탄올과 비슷하게 생긴 화학 물질은 대부분 독이다. 이 중에서 여러 잔을 마셔도 죽지 않는 물질은 에탄올이 유일하다. 그러나 이 또한 처음부터 먹을 수 있는 것이 아니었다. 앞서 설명한 대로, 우리가 알코올 분해 효소를 만드는 해독 유전자를 인류의 조상으로부터 물려받았기에 가능해졌다.

건강한 성인은 한 시간에 소주 한 잔 정도의 양인 약 10밀리리터의 알코올을 분해할 수 있다. 이론상 한 시간에 소주를 한 잔씩 마시면 절대로 취할 수 없다. 그러나 알코올을 분해할 수 있는 능력보다 빨리 마시면 위나 장에서 흡수된 알코올 때문에 혈중 알코올이 올라가 취하게 된다. 술에 취하면, 알코올이 뇌에 들어가 신경 세포의 작용에 영향을 미친다. 대체로 말이 많아지고, 망설임이 없어지며, 기분이 좋아지는데, 이는 모두 뇌의 신경 전달 물질의 작용을 왜곡시키기 때문이다. 원래 말하고 판단하고 감정을 느끼는 일은 뇌의 작용이라는 것을 생각해 보면 너무도 당연한 사실이다. 문제는 혈중 알코올 농도가 더 높아져 뇌 속에 더욱 많은 알코올이 머무르면 움직임이 느려지고, 심하면 기억을 하지 못하며, 혼수상태를 넘어 사망에 이르게 된다는 점이다. 진화 과정에서 알코올을 해독하는 능력을 갖추게 되었지만, 인간에게 과량의 알코올은 여전히 독이다.

태초에 술이 있었다

태초의 술은 무엇일까? 앞서 언급했듯이 과일주일 가능성을 배제할 수 없다. 저절로 발효되어 술이 되는 기특한 야생 열매 때문이다. 포도는 으깨어 통속에 넣어 두면 발효가 시작된다. 다른 잡균보다 효모가 잘 자라면서 알코올이 만들어지고, 포도주가 된다. 와인용 포도는 기원전 7,500년경에 캅카스 지방에서 재배되기 시작했다. 와인용 포도가 재배되기 시작한 장소여서 이곳에서 최초의 와인이 만들어졌다고 추정된다. 그렇다고 와인이 최초의 과일주라는 것은 아니다. 선사 시대에도 당분이 많고 저절로 발효되어 술이 되는 착한 과일들이 얼마든지 있을 수 있다. 구석기의 시작으로 여겨지는 약 70만 년 전부터 신석기의 시작점인 1만 년 전까지 빙하기와 간빙기를 거치며 구석기인에게 술맛을 선사했을 훌륭한 과일이 멸종했을지 모른다. 실제로 구석기 유적에서는 현재 존재하지 않는 식물의 씨앗이 자주 발견된다. 그중에는 포도 씨와 비슷하게 생긴 씨앗의 화석도 있다. 가장 오래된 원시 포도의 화석은 무려 6,600만

년 전의 것이다*. 따라서 원시 포도주의 기원은 언제쯤인지 가늠하기 어렵다.

꿀은 자연에서 얻을 수 있는 당분이다. 효모는 당분을 먹고 자라지만, 자연 상태의 꿀에서는 수분이 적어 효모가 자라지 못한다. 꿀에 물을 섞어 적당히 희석하면, 효모가 자라고 술이 만들어진다. 그래서 벌꿀주는 양봉을 시작하면서 자연스럽게 만들어졌을 가능성이 높다. 양봉하는 사람들에게는 미드Mead라고 부르는 벌꿀주가 전해 내려온다. 벌꿀주는 브라만교의 경전인 《리그베다》에서 기원을 찾을 수 있다. 기원진 4,000년경에 만들어졌다는 '마두 마디야Madhu Madya'의 마두는 꿀을, 마디야는 술을 의미한다. 야생 벌꿀의 채집은 1만 5,000년 전으로 거슬러 올라가고, 스페인 발렌시아의 한 동굴에서 기원전 8,000년 정도로 추정되는 벌꿀 채집 벽화를 발견했다. 구석기인들이 꿀만 채집하고 이것으로 술을 만들지는 않았을까?

마유주馬乳酒 역시 역사가 오랜 술이다. 왜 하필이면 말의 젖일까? 마유는 우유보다 당분 함량이 2배 이상 높다. 가죽으로 만든 주머니에 말 젖을 넣고 계속 흔들어 주기만 하면 비교적 쉽게 만들 수 있다. 몽골의 마유주 아이락Airag은 시큼한 맛을 내는 요구르트와 술의 중간쯤에 해당하는데, 효모가 아닌 젖산균이 자라면서 젖산과 알코올을 만든다. 상하기 쉬운 말 젖을 오래 보관하는 방법이다. 기원전

*   인도에서 수집된 원시 포도의 화석은 미국 클리브랜드 자연사 박물관이 소장하고 있다. 최근 연구에서 가장 오래된 원시 포도의 품종이라는 것이 밝혀졌다. American Journal of Botany, 2013. doi:10.3732/abj.1300008

4,000년경부터 가축으로 길들이기 시작했다고 알려진 말은 구석기 벽화에서 흔히 볼 수 있지만, 마유주의 기원을 섣불리 가늠하기는 어렵다.

멕시코에서 자라는 알로에처럼 생긴 식물, 용설란(아가베)은 꽃대를 잘라 버리면 줄기 아래 수액 주머니가 생성된다. 당분이 많은 수액은 저절로 발효되어 알코올을 만들고 탄산 가스(이산화 탄소)를 내뿜어 곤충을 유인하는 역할을 한다. 멕시코 전통술인 풀케Pulque는 용설란의 수액을 채취해 만드는데, 외관상 우리의 막걸리와 비슷하다. 이 풀케를 증류한 술이 멕시코를 대표하는 테킬라다. 미국 애리조나 남부 마라나 지역에서 선사 시대의 용설란 재배 흔적이 구석기 돌도끼와 함께 발견되었다*. 풀케가 가장 오래된 술의 후보일 수도 있다. 용설란 수액주는 야자 와인과 비슷하다. 나무의 수액이고, 저절로 발효되기 때문이다. 그렇지만 현재로서는 어느 쪽이 더 오래된 술인지 알 수 없다.

사실 오래된 술에 이밖에 다른 어떤 종류가 더 있었는지 알 길이 없다. 남아 있는 흔적으로 과거 술의 모습을 추정할 뿐이다. 분명한 것은 술이 인류 이전부터 존재했고, 문명 이전의 현생 인류도 술을 빚어 마셨다는 사실이다. 기원전 1만 년경 농경이 시작되면서 곡식으로 술을 만들기 시작하면서, 오래된 술의 흔적도 사라져 갔다. 인

---

*   아리조나 대학의 연구팀은 마야 문명 전기인 기원후 200~600년경에 용설란을 재배한 유적을 발굴했다. Fish et al., 1985, Prehistoric agave cultivation in southern Arizona, Desert Plants 72 p107-113

류가 정착 생활을 하게 되면서 술을 빚는 원료도 채집에서 재배로
얻게 되었다.

신석기 시대의 음주

그렇다면, 인류는 언제부터 본격적으로 술을 빚고 마시게 되었을
까?

문자가 만들어지기 전부터 이미 술이 있었기에 음주의 기원에 관
한 역사적 기록은 없다. 그러나 현생 인류 이전의 크로마뇽인이나
네안데르탈인, 자바원인의 경우 인지 발달이 이루어지지는 않던 시
기여서 본격적으로 술을 만들어 마셨을 것 같지는 않다. 현생 인류
의 탄생 후 구석기인이 저장된 과일이 자연 발효되면 으깨어 술로
만들어 마시지 않았을까 추정된다. 그러나 구석기 토기가 없는 것
을 보면, 액체 상태의 술을 만들고 보관해 두고 마시기는 어려웠을
것 같다. 본격적으로 액체 상태의 술을 마신 것은 토기가 일반화되
고, 정착 생활을 시작한 신석기 시대부터일 가능성이 크다. 신석기
토기는 고대인의 음주 흔적을 찾아낼 수 있는 거의 유일한 증거품
이다. 그렇다면 수천 년간 땅속에 묻혔던 토기에서 어떻게 음주의
흔적을 찾을 수 있었을까? 분자 고고학Molecular Archaeology은 현대의
첨단 분석 화학 기술과 고고학의 융합 학문이다. 현대에 이르러 유
적이나 유물에 남아 있는 음주 흔적을 분자 수준에서 추적하고 확

인하는 것이 가능해졌다.

고대인들이 포도주와 맥주를 만들었다는 가장 오래된 흔적은 이란 자그로스Zagros 산맥의 고딘테페Godin tepe에서 발굴된 유물에서 찾을 수 있었다. 이란의 중서부 지역인 이곳에서 지층을 따라 다른 시기의 유적이 발굴됐다. 가장 오래된 것은 기원전 5,200년까지 거슬러 올라간다. 여기서 발견된 신석기 토기의 일부는 현재 캐나다 로열 온타리오 박물관에 보관되어 있다. 분자 고고학의 개척자인 패트릭 맥거번 교수Patrick E. McGovern*는 토기 내부에 남아 있는 수천 년이 지난 찌꺼기를 분석했다. 고성능 화학 분석 장치로 기원전 3,000년경의 메소포타미아 문명에 이미 포도주, 맥주와 비슷한 술이 존재했음을 확인했다. 포도주가 발효될 때 나오는 주석산과 보리를 발아시킬 때 생성되는 개미산이 발견되었기 때문이다.

중국 허난성의 지아후는 갑골 문자가 발견된 유적지다. 부근에서 발굴된 신석기 토기의 연대는 기원전 7,000년 이전으로 추정된다. 맥거번 교수는 토기의 파편에서 주석산을 비롯하여 밀랍이나 곡물에서 유래한 화학 물질을 발견했다[5]. 지금으로부터 9,000년 전에 벌꿀과 포도, 곡물을 원료로 한 발효주가 존재했다는 증거다. 중국에는 수천 년 전의 술도 발견되는 경우가 있다. 중국 고대 왕조인 은나라와 주나라 시대의 무덤에서는 밀폐된 청동 그릇에서 수

---

* 미국 펜실베이니아대학 교수 패트릭 맥거번은 고대 술에 관한 연구로 유명한 고고학자이자 분자 고고학의 개척자다. 고딘테페와 중국의 지아후 유적에서 현대분석 화학적 기법을 적용하여 선사 시대의 알코올 발효를 연구했다. 국내에도 그의 저서《술의 세계사》가 출간되었다.

천 년 전의 액체가 발견되었다. 실제로 3,000년 전의 청동 그릇에서 발굴된 술을 전시하는 박물관도 있다. 구리의 녹 때문인지 청록색 액체다.

인류 최초의 맥주

현존하는 가장 오래된 술에 대한 기록은 기원전 3,000년경 수메르인의 유적에서 발견된 점토판에서 찾아볼 수 있다[6]. 이런 점토판 기록은 4대 문명 발상지 가운데 하나인 유프라테스강 유역에서 많이 발견되었다. 그중에는 큰 항아리 주변에 사람들이 모여 긴 빨대를 꽂고 담소를 나누며 항아리 속 술을 마시는 그림도 있다. 항아리 속에 있는 것이 술인지 어떻게 확신할 수 있을까? 아프리카 북부와 동남아시아의 일부 지역에는 항아리에 긴 빨대를 꽂아 여러 명이 둘러앉아 마시는 음주 문화가 5,000년이 지난 지금까지 남아 있다[7].

문자로 된 기록도 있다. 쐐기 문자로 맥주 원료 레시피부터 맥주 배급 기록까지 기록한 점토판 유적이다. 이 점토판은 현재 영국 대영 박물관에 소장되어 있다. 술 원료를 만드는 방법도 기록되어 있는데, 현대의 술을 담그는 원료와 크게 다르지 않다. 수메르인의 유적에서도 발아된 보리를 말리고 가는 데 사용한 맷돌, 맥아즙을 끓인 것으로 추정되는 솥의 흔적이 발견된다. 수메르인이 최초로 맥주를 만들어 마셨다는 증거는 상당하다.

당시에도 해마다 한두 번씩, 수확한 곡식을 저장했다. 그러나 현대의 저장 시설처럼 곡식을 잘 보관하기는 어려웠을 것이다. 비와 바람을 완벽히 차단하지 못해, 가끔 보리가 물에 젖어 싹을 틔워 저절로 발아 보리가 만들어졌을 것이다. 이렇게 우연히 발아된 보릿가루를 섞어서 만든 빵에서 단맛이 난다는 사실도 알게 되었을 것이다.

수메르인의 맥주는 이렇게 만들어진 빵을 물에 넣어 두면 효모가 자라 알코올 발효를 하여 만들어진다. 보리를 물에 담가 두면 싹을 틔운다. 이것을 다시 건조한 것을 몰트 혹은 맥아라고 부른다. 우리말로는 엿기름이다. 맥아를 물에 넣고 온도를 높이면 당분이 많은 맥아즙이 된다. 이것을 끓이면서 홉Hop이라는 쓴맛이 나는 열매를 넣고 식힌 후에 발효시키면 나오는 결과물이 바로 현대의 맥주다. 물론 마지막으로 맑게 거르는 과정을 거쳐야 우리가 마시는 맥주가 완성된다. 이 마지막 걸러 내는 과정을 빼고는 수메르인의 맥주 제조법과 유사하다. 맥주의 역사가 수천 년을 거슬러 올라가다니, 실로 놀랍다. 어쩌면 이는 농경이 시작되어 밀과 보리를 재배하게 되고, 문명의 발생으로 사람이 모여 살게 되면서 생기는 필연적인 결과일 수 있다. 맥주는 문명의 발상지인 메소포타미아에서 탄생했다.

이집트 피라미드를 건설하는 데 맥주가 대량으로 소비되었다고 하면 이상하게 들릴까? 그렇지만 맥주는 이집트 노동자들에게 매우 중요한 음료였다. 더운 날씨에 거대한 건축물을 만드느라 엄청

난 체력 소모를 했던 노동자들에게 맥주로 보수를 지급했다는 기록
도 있다. 우리 막걸리처럼 노동의 피로를 조금이나마 풀어 주고 각
종 영양을 보충해 주는 식품으로, 노동자들에게 대량으로 공급되었
다고 한다. 맥아를 끓여서 만든 맥주는 지하수보다 안전한 음료였
다. 효모가 자라면서 만든 각종 비타민과 맥아에서 분해된 탄수화
물이 많이 포함되어 있어 노동자의 체력을 유지하는 데 필요한 '식
품'이었다. 그래서 맥주가 없었다면, 피라미드도 없었을 것이라는
주장도 있다.

　이집트에서 맥주는 신분의 귀천을 떠나 누구나 좋아하고 즐기
는 음료였던 것 같다. 그래서 이집트 벽화에는 술을 마시는 그림이
비교적 많이 남아 있다. 미국 시카고 미술관에는 이집트 중기 왕조
12대 파라오가 왕비와 함께 식사하는 그림이 소장돼 있는데, 그 그
림에 있는 식탁과 선반에 술잔과 술병이 여럿 그려져 있다. 좀 더
자세히 살펴보면, 식탁 아래에 놓인 큰 사발에 술 항아리가 담겨 있
는 것을 볼 수 있다. 이것은 사발에 물과 모래를 넣고 그 안에 항아
리를 담아 술을 차갑게 만드는 용도다. 원시적인 냉장고인 셈인데,
이집트의 건조한 기후로 인해 물이 증발하면서 상당히 온도를 낮
추는 효과가 있었던 것 같다. 당시 사람들의 입맛에도 차가운 맥주
가 맛있었던 모양이다.

로마에서 흥행한 와인

와인의 원조는 아시아와 유럽의 경계에 있는 캅카스 산맥의 남쪽에 위치한 나라, 조지아로 알려져 있다. 구소련으로부터 1991년 독립한 신생국이다. 러시아와 국경을 맞대고 남쪽으로는 터키, 아르메니아, 아제르바이잔과 접해 있다. 이곳을 와인의 기원으로 생각하는 이유는 와인용 포도의 원산지이기 때문이다*. 조지아 와인의 역사는 무려 신석기 시대까지 거슬러 올라간다. 기원전 5,800~6,000년의 유적에서 와인을 만든 증거를 최근 분자 고고학 기술이 밝혀냈다. 인접 국가 아르메니아에서는 기원전 4,100년경 최초의 양조장으로 추정되는 아레니1Areni-1 동굴을 발견했다[8]. 이곳에서 발효통과 포도 압착기로 추정되는 유물을 발굴했고, 분자 고고학으로 와인 발효 흔적도 확인되었다.

조지아의 전통 와인은 김칫독처럼 생긴 크베브리Kvevri라고 부르는 토기를 땅에 묻고, 여기에 으깬 포도즙을 넣어 발효시켜 만든다. 조지아에는 독특한 음주 문화가 있었다. 기원전 7세기의 것으로 추정되는 술잔을 든 청동상도 발굴되었는데, 술자리나 모임에서의 사회자 역할부터 마을의 대소사에 관여하고 중매쟁이 역할까지 하는 '타마다'의 모습을 조각한 것이라고 한다.

---

* 학명이 'Vitis vinifera'인 와인용 포도의 원산지는 조지아의 캅카스다. 우리가 먹는 캠벨이나 머스캣은 식용으로 육종된 교잡종이며, 오히려 머루가 와인용 포도에 가깝다.

조지아 와인은 포도 재배법과 함께 아르메니아를 거쳐 티그리스 강과 유프라테스강 유역에 자리 잡은 바빌론에 전해진다. 그리스 역사학자 헤로도토스가 저술한 《역사》에도 와인은 티그리스강을 거슬러 올라가 현재 조지아의 자그로스에서 수입한다고 기술되어 있다.

이집트에는 기원전 2,650년 고대 왕국부터 그리스 로마 시기까지, 무려 97개의 무덤에서 포도를 재배하고 와인을 만들어 마시는 벽화가 등장한다[9]. 그중에서 나크트 무덤의 벽화에는 포도를 수확하고, 발로 밟아 으깨어 와인을 만들고, 밑이 뾰쪽하고 긴 토기인 암포라에 담아 보관한 과정이 모두 그려져 있다. 고대의 암포라는 이탈리아만이 아니라 남부 프랑스나 스페인의 고대 유적에서도 많이 발굴되었다. 이는 당시 그리스에서 대규모 와인 제조와 무역을 했다는 사실을 알려 준다. 당시 페니키아 상인들도 지중해 연안의 고대 도시 국가에 와인을 전파하는 중요한 역할을 했다. 기원전 146년, 3차에 걸친 포에니 전쟁에서 로마가 카르타고를 물리치면서, 지중해의 와인 패권도 로마가 넘겨받았다.

이 시기 로마에는 와인이 크게 유행했다. 그에 따라 포도 생산과 와인 제조 기술도 비약적으로 발전했다. 귀족부터 노예까지 하루 한 병꼴로 와인을 소비했다고 한다. 로마 제국의 팽창과 함께 와인의 수요도 늘었다. 급증하는 수요에 대응하기 위해 지중해 연안에 대규모 포도밭을 조성하게 되었다. 로마 제국의 식민지에서 만들어진 와인은 암포라에 넣고 밀랍으로 봉하여 노예들이 로마로 운반했다. 와인은 자연스럽게 유럽 전역에 퍼져 나갔고, 곧 유럽인의 생활에 없어서는 안 되는 필수품이 되었다. 와인은 물에 섞어 안전한 식수를 만들 때도 사용했다. 당시 검투사를 치료하던 의사 갈레노스가 와인을 마취제나 살균제로도 사용했다는 기록이 남아 있다.

에스파냐 출신 로마 작가인 콜루멜라Columella가 기원전에 저술한 12권짜리 《농업론》에는 포도 재배법이 자세하게 나와 있다. 당시 최고의 와인용 포도 품종은 발리스카Balisca와 비투리카Biturica라는 기록도 있다. 현재 가장 많이 재배되는 와인용 포도인 카베르네 소비뇽Cabernet Sauvignon의 먼 조상이 바로 이 발리스카라는 주장이 한때 유행했다. 잎 모양이 비슷하다고 어떻게든 계보를 만들어 보려는 시도였던 것 같다. 그러나 유전자 분석으로 카베르네 소비뇽의 직계 비속은 카베르네 프랑과 소비뇽 블랑으로 밝혀졌다. 당시 로마의 포도는 당도가 높지 않았던 것으로 짐작된다. 콜루멜라의 《농업론》에는 납으로 만든 냄비에 포도즙을 끓인 다음 농축해 와인을 만드는 방법을 소개하는데, 이것이 바로 납 중독에 의한 로마 멸망설의 근거이기도 하다[10]. 물론 '납 와인'은 가설일 뿐이지만, 와인이 빠진 로마인 이야기는 뭔가 아쉽다.

술에 취한 고대의 코끼리

인도에서 파키스탄을 거쳐 아프가니스탄 남부 지역까지 이어진 인더스강 유역도 4대 문명의 발상지다. 메소포타미아와 이집트 문명에 맥주와 포도주가 있었다면 인더스 문명에는 어떤 술이 있었을까? 앞서 이야기했듯이, 고대 인도의 브라만교 경전《리그베다》에 벌꿀과 약초로 만드는 술인 마두 마디야의 레시피가 기록되어 있다. 무려 기원전 4,000년경의 술이다. 기원전 2,000~3,000년 사이의 하라파 유적에서도 음주 기록과 유물이 발견되는데, 신석기에서 청동기 시대로 넘어가는 동기 시대에 해당한다. 인도에서는 고대 인도어인 범어로 술을 수라Sura라고 부른다. 쌀이나 밀, 사탕수수, 벌꿀에서 만든 술을 통칭하거나 혹은 쌀에서 발효된 술을 말한다. 사탕수수로 만든 메라야Meraya, 쌀죽에 약초를 넣고 발효시켜 만든 막걸리와 비슷한 술인 한디아Handia도 있다. 땅에 파묻힌 바위에 단지처럼 구멍을 뚫어 그곳에 한디아를 만드는데, 이런 흔적이 인도 동북부 메갈라야 지방에 남아 있다. 심지어는 코끼리가 술 냄새를 맡고 마을에 침입해서 아수라장을 만들었다는 이야기도 기록에 남아 있다.

기원선 5세기부터 불교가 부상하면서 엄격하게 술을 배적하는데, 초기 불교의 5계는 음주를 금하고 있다. 술을 마시는 행위를 살생, 도둑질, 간음, 거짓말과 같은 수준의 해악으로 간주했다. 그 배경에는 고대 힌두교 사회에서 음주가 많은 사회적 문제를 일으켰기 때문이라 짐작된다. 인도의 설화에도 음주는 악행이고, 금욕은 선한 행위로 흔히 묘사된다. 승려 계급인 브라만은 철저한 금주를 지켜왔다. 불교가 쇠퇴하고 힌두교가 융성하던 시기에도 음주는 비난의 대상이었고, 이후 이슬람을 신봉하는 무굴 제국에서도 술은 배척의 대상이었다. 그러나 인도에서 술이 사라진 것은 아니다. 힌두교의 어떤 종파는 음주를 조장하고, 지역에 따라 술을 권장하는 전통도 있다. 또한 하층 계급에는 오래전부터 음주가 허용되었다.

그러나 최근에는 인도의 음주 인구가 빠르게 증가하고 있다. 서구의 술인 위스키와 맥주의 소비가 가장 빠르게 증가하고 있는 곳이 인도다. 뭄바이 밤의 술 문화도 이야깃거리가 되곤 한다. 종교적·문화적 이유로 인도의 술은 겉으로 드러나지 않았을 뿐, 문명의 발상과 함께 발전한 술은 언제나 그들의 삶과 함께였다. 인류에게 술이 없는 문명은 생각하기 어렵다.

황하 문명도 예외는 아니다. 앞에서 언급한 기원전 7,000년의 중국 지아후 유적이 가장 오래된 음주의 흔적이다. 기원전 100년경 사마천은 《사기》에 술을 처음 빚었다는 가공의 인물인 의적儀狄이나 두강杜康이 등장하는 설화를 기록했고, 당시 중국인의 술 문화도 소개했다. 술 없이 조상에게 예를 표할 수 없고, 술이 있어 군신 간의 관계가 돈독해지며, 다툰 뒤 화해하는 데 술이 먼저라고 기술했다. 술에 대한 인식이 인더스 문명보다는 훨씬 긍정적이다. 황하 문명에서도 초기에는 수메르인의 맥주나 원시 와인과 비슷한 술을 만들었다는 흔적이 발견된다. 이런 술은 진나라를 거치면서 사라지고, 한나라에 들어오면서 지금의 황주와 유사한 누룩을 사용하는 발효주를 주로 만들기 시작했다.

유교의 5대 경전 중 하나인 《서경》의 열명 하 제2장에 술을 만들 때 누룩을 사용한다는 내용이 처음 등장한다. 중용의 도를 술에 비유하면서 누룩을 많이 넣으면 술이 쓰다는 구절도 눈에 띄는데, 누룩을 사용하는 양조법이 상당히 발전했음을 짐작하게 한다. 춘추전국시대에 쓰였다는 《서경》은 진시황의 분서갱유로 사라지고 한나라 문제文帝 때 재발간되면서 추가된 부분도 많다. 이후에도 추가되거나 고쳐 쓴 내용이 많다고 한다. 따라서 《서경》이 처음 쓰인 춘추전국시대를 시점으로 누룩이 등장하고, 기원 전후의 한나라에서 누룩을 사용하는 술 제조 방법이 정착된 것으로 보는 것이 합리적으로 보인다. 다른 문명에서 볼 수 없는 누룩이 황하 문명에서만 발견된다. 동양의 술이 탄생한 순간이다.

1강

혀끝을
은은하게 하는
와인의 과학

포도 맛이 나는 술

포도에 설탕을 넣고 소주를 부어 만드는 포도 담금주가 어릴 적 우리 입맛을 사로잡았던 탕수육이라면, 포도즙을 발효시켜 만든 와인은 마치 고급 중국 요리 같은 맛의 신세계다. 포도로 만든 술은 조선왕조실록이나 동의보감에도 등장한다. 지금처럼 소주를 부어 만든 담금주가 아니라, 찹쌀밥과 흰누룩에 포도즙을 섞어 만든 일종의 포도 맛 약주다. '같은 포도주'이지만 서양 와인과는 엄연히 다른 술이다.

기록상 우리나라에서 서양 와인을 처음 맛본 사람은 조선 시대, 조문 사신단 중 한 명인 이기지李器之라는 인물이다[1]. 그가 서른한 살이었던 1720년, 중국 북경에 갔다 한양으로 돌아오는 160일간의 이야기를 기록한 책,《일암연기一庵燕記》를 보면 서양 포도주는 색은 검붉고, 맛은 향긋하고 강렬하고 상쾌하다고 묘사되고 있다. 그는 본래 술을 마시지 않아 우리나라 술맛과 비교한 기록이 없다는 점이 아쉽다. 다만 빛깔로 맛이 좋은 술이라는 의미의 '경장옥액瓊漿玉液'이라고 표현한 것을 보면, 술맛을 모르는 그의 미각을 자극하기에도 충분한 새로운 맛이었던 것 같다. 《조선왕조실록》에서도 순조 때 서양의 포도주에 대한 기록을 볼 수 있는데, 대신들에게 주는 하사품으로 여러 차례 등장한다. 음식을 나누어 먹는 전통 때문인지 혹은 맛의 신세계를 공유하고 싶은 마음에서였는지는 모르겠다. 서양 문물과 가톨릭교로 대표되는 서학西學에 대한 찬반의 혼돈 속에서 조선의 조정에서는 왕과 신하들이 서양 포도주를 나눠 마셨다.

그로부터 200년이 지나면서 와인을 즐기는 인구가 늘었다. 1977년부터 국내 최초의 와인인 '마주앙'이 생산되기 시작했다. 그렇지만 국내에 본격적으로 와인 문화가 상륙한 것은 2000년대 초반부터라고 봐야 할 것이다.

와인바가 생겨나고, 소믈리에라는 직업이 소개된 것도 이때쯤이다. 와인 수입이 급증하면서 마니아층이 형성되었고, 와인 전문점뿐만 아니라 대형 마트에도 어김없이 와인 매장이 자리 잡았다. 국내 와인 시상은 수입 가격 기준으로 2,000억 원에 가까울 정도로 규모가 커졌다. 이를 부피로 환산하면 약 3,000만 리터가 조금 넘는다. 단순계산을 하자면 음주 인구당 1년에 1병을 마신 셈이다. 연간 70~80병을 마시는 소주에 비하면 터무니없이 적다. 끼니마다 와인을 달고 사는 외국과 비교 불가능하다. 아직 와인은 소수 마니아가 소비하는 술이다. 관심이 증가하고 있지만, 국내 와인 시장은 작고 수입되는 와인의 종류도 많은 편이라고 할 수 없다. 프랑스와 이탈리아 같은 유럽의 다품종 소량 생산 와인은 대부분 수입된 적도 없고, 앞으로도 그럴 가능성이 없을 듯하다. 프랑스 와인은 70퍼센트가 자국에서 소비되고, 나머지 일부가 미국 같은 거대 와인 시장에 수출되기 때문이다. 우리나라에 수입되는 와인은 빙산의 일각에 불과하다.

그렇지만 다른 술에 비하면 수입되는 와인의 종류는 많고도 복잡하다. 가끔 열정적인 소믈리에를 만나 외계어 같은 설명을 듣다 보면 돌고 돌아 결국 '아무 와인'으로 귀결하기에 십상이다. 그러나 용어가 생소할 뿐, 결국 와인도 사람이 즐기는 술이다. 소믈리에의 설명도 여러 차례 듣다 보면 조금씩 익숙해지고 약간의 지식만 있어도 와인의 세계에 눈을 뜬다. 와인은 아는 만큼 맛있다.

와인을 둘러싼 마케팅 조직

영화 〈솜SOMM〉은 네 명의 미국인이 마스터 소믈리에 자격시험에 도전하는 다큐멘터리다. 도전자의 좌절과 희열을 적나라하게 보여 준다. 마스터 소믈리에가 되기 위해서는 매우 어려운 시험을 통과해야 한다. 도전자들은 세계의 포도밭을 모두 외우다시피 한다. 유럽 지역별 와인과 포도밭은 물론이고, 신세계 와인의 원산지나 세부 지역명까지 통달하며, 오감으로 와인을 감별하고 평가할 수 있어야 한다. 예를 들어, 이들은 와인의 색만 보고도 포도 품종이 피노 누아Pinot Noir라는 것을 알아맞히고, 프랑스 부르고뉴Bourgogne의 어떤 지역의 포도밭에서 재배되었으며, 보관이 잘못되어 퇴색한 붉은 빛깔에 대해 토론한다. 다소 과장된 점이 있을지 모르겠지만, 마스터 소믈리에는 1977년부터 2017년까지 40년 동안 고작 236명만 배출될 정도로 엄청나게 어려운 시험이다. 그 마스터 소믈리에 가운데 한국인이 2명이나 있다. 그런데 두 사람 모두 국내가 아닌 뉴욕과 캘리포니아의 고급 식당에서 경력을 쌓았다. 아직 우리나라에는 경험을 축적할 만큼 다양한 와인이 수입되지 않기 때문이다.

와인의 세계에는 소믈리에뿐만 아니라 평론가나 작가도 있다. 이들은 와인의 가치를 품평하고 소개하는 역할을 통해 와인을 문화의 수준으로 격상시키는 역할을 한다. 와인 생태계에서 올리비에 푸시에Olivier Poussier와 같은 영향력 있는 와인 전문가는 매주 1,000병의 와인을 맛보고, 노보텔 호텔 체인과 에어프랑스 항공사에 와인을 골라 주는 일을 한다. 아무리 생각해 봐도 최고의 직업이다. 엘리제궁의 소믈리에는 프랑스 대통령이나 국빈이 마실 와인을 선택하고 엘리제궁의 와인 장고를 채운다. 역시 행복한 직업이다.

와인 생태계도 경쟁의 세계다. 국제 와인 대회 혹은 품평회는 무려 45개가 넘는다. 매년 한 번 이상 개최되고, 와인도 매년 생산되므로 어디서 1위를 하더라도 영원한 1위는 아닌 셈이다. 사실 1위나 10위나 상위권 와인의 맛은 막상막하 수준이다. 바로 이 지점에서 와인 작가나 평론가가 힘을 발휘한다. 전문적으로 활동하는 와인 평론가나 작가도 많고, 와인 작가들이 모이는 심포지엄도 열린

다. 와인 백과사전이나 가이드북,《와인 아틀라스》같은 전문서적도
많다. 휴 존슨Hugh Johnson의 《와인 아틀라스》는 1971년에 처음 출간
되어 현재까지 7번째 개정판을 낸 와인의 바이블과도 같다. 국내에
도 번역 출간된 매들린 푸켓Madeline Pukette의 《와인 폴리》는 50종 이
상의 와인을 알기 쉽게 설명하고 있다. 블로그로 데뷔하는 와인 작
가도 많다. 팔로워가 많은 이들 블로거 작가는 영향력도 막강하다.

　미국의 로버트 파커Robert Parker는 1978년부터 와인에 점수를 매기
는 평가 방법을 최초로 도입한 것으로 유명하다. 당시엔 뉴스레터
로 와인의 점수를 공개했는데, 와인 판매에 상당한 영향을 미쳤다.
이후 이 뉴스레터는《와인 애드보킷Wine Advocate》이라는 잡지로 발전
했고, 와인 시장에서 로버트 파커가 매기는 점수는 엄청난 영향력
을 행사하게 되었다. 우리나라 대형 마트의 와인 가격표에도 로버
트 파커의 와인 점수가 표시될 정도다.

　이렇듯 와인 비즈니스 세계에는 포도 재배자와 업체를 통칭하는
네고시앙Negociant, 와인 제조자, 소믈리에, 와인 작가, 평론가들이 모
인 자생적 마케팅 조직이 활동한다. 다른 주류 산업계에서는 볼 수
없는 환경이다. 이들이 거대한 와인 생태계를 형성하고, 동시에 와
인 산업을 이끈다. 경영학이나 마케팅에서 말하는 완벽한 공급 사
슬 관리 시스템이다.

교황청의 와인 소비

프랑스 사람들은 주로 와인만 마실까? 와인 종주국답게 그렇다. 말 그대로, 와인을 달고 산다. 식사 때마다 곁들일 뿐만 아니라 요리할 때도 아낌없이 넣는다. 막걸리로 모주를 만들 듯이 겨울에는 와인에 시나몬과 과일 등을 넣어 따뜻하게 끓인 멀드 와인Mulled Wine이라 부르는 뱅쇼Vin chaud를 만들어 마신다.

프랑스는 전체 알코올 소비량의 절반을 와인이 차지한다. 나머지는 증류주와 맥주가 채운다. 그렇지만 맥주의 소비가 적어 증류주 1병에 와인 3병꼴로 소비된다. 증류주에는 와인을 증류한 코냑이 포함된다. 프랑스에서 가까운 남부 유럽의 이탈리아, 오스트리아, 스페인 모두 와인 마니아 국가다. 지중해안을 따라 길게 와인 벨트를 형성하고 있다. 와인으로 섭취하는 알코올이 개인별로 연간 5리터가 넘는다. 유럽 포도 80퍼센트는 포도주가 된다. 포도는 여름 한 철 먹는 과일이지만, 와인은 여러 해 저장해 두고 먹을 수 있는 최고의 서상 식품이다. 또한 유명한 와인이 되면 부가 가치가 엄청나게 상승한다. 한해 포도 농사로 얻는 수익보다 빈티지 와인으로 재탄생시켜 얻는 수익이 몇 배 더 높다.

와인 인스티튜트[2]의 통계에 따르면, 인구당 와인을 가장 많이 소비하는 곳은 교황청이 있는 바티칸이다. 바티칸의 인구는 적지만 와인이 쓰이는 종교 의식과 와인을 소비하는 관광객이 많기 때문이다. 두 번째는 스페인과 프랑스 사이의 안도라다. 안도라는 면

세 국가이기 때문에 인근 스페인과 프랑스 사람들이 국경을 넘어와 술을 산다. 통계의 허점이다. 이어서 크로아티아, 슬로베니아, 프랑스, 포르투갈, 스위스 순서다. 모두 알코올 기준으로 연간 4리터 이상, 와인으로는 약 40리터를 소비한다. 와인 한 병이 평균 750밀리리터임을 감안하면 무려 53병 이상이다. 참고로 우리나라 성인은 연간 소주 70~80병을 마신다. 와인의 알코올 농도는 대체로 13~15퍼센트이지만, 용량이 소주의 2배가 살짝 넘는다. 우리가 소주를 마시는 것보다 더 많이 마시는 셈이다.

　포르투갈도 프랑스 못지않은 와인 소비국이다. 성인 한 명이 연간 42리터를 마신다. 포트Port 와인이 유명한데, 북부 포르투Porto에서 생산되는 포도로 만든다. 포트 와인은 보통 와인보다 알코올 농도가 높다. 알코올 농도를 고려한다면, 포르투갈 사람들은 와인 독주를 마시는 셈이다. 스페인 와인도 유명하다. 프랑스와 이탈리아 다음으로 와인을 많이 소비한다. 스페인 중부 리호아 지방뿐만 아니라, 카탈루냐부터 안달루시아 지방까지 해변을 따라 유명한 와인 산지가 늘어서 있다. 그러나 지난 반세기 동안 맥주 소비가 증가하면서 와인 소비는 절반으로 줄었다. 프랑스와 이탈리아의 와인 소비도 줄고 있지만, 스페인이 가장 가파른 하강 곡선을 보인다. 와인 생산량도 급속한 감소세를 보이는 가운데, 수출 비중이 높다. 3병 중 2병꼴로 수출된다.

　전 세계 와인 소비량은 2015년 기준 247억 리터가 넘는다. 반면, 생산량은 284억 리터다. 이는 매년 수십억 리터가 저장되고 이후 수

년 동안 소비된다는 것을 의미한다. 포도의 생산이 좋았던 2013년에는 생산과 소비의 차이가 50억 리터를 넘겼다. 국가별로 와인을 많이 소비하는 나라는 미국, 프랑스, 이탈리아, 독일, 중국, 영국 순서다. 미국은 전체 와인의 13퍼센트를 소비하고, 인구가 각각 약 6,000만 명인 프랑스와 이탈리아는 11퍼센트를 소비한다. 중국의 술 소비량은 맥주, 백주, 와인 순서다. 와인 소비가 빠르게 증가 추세를 보이고 있으며, 직접 포도를 재배해서 생산하는 와인도 상당하다. 국가별로 와인을 많이 수출하는 나라는 이탈리아, 프랑스, 스페인, 호주, 칠레, 남아프리카공화국 순서다. 유럽의 와인을 구세계 와인, 나머지를 신세계 와인으로 구분한다.

 ## 레드 와인에 좋은 따스한 날씨

화이트 와인은 그냥 색이 없는 와인일까? 사람들은 레드 와인과 화이트 와인 중 어느 쪽을 더 많이 마실까?

세계적으로 레드 와인이 60퍼센트, 화이트 와인이 40퍼센트 정도 소비된다. 레드 와인을 더 많이 마신다고 볼 수 있다. 반면, 와인 종주국인 프랑스에서는 레드 와인 소비가 무려 80퍼센트로 압도적이다. 와인 소비가 프랑스에 필적하는 포르투갈에서도 레드 와인의 비율이 월등히 높다. 스페인과 이탈리아도 레드 와인을 훨씬 많이 마신다. 이런 통계를 보면 레드 와인이 원조이고, 화이트 와인은 마

치 2등품 같다. 고급 와인도 레드 와인이 더 많다. 그렇다면 사람들이 레드 와인을 더 많이 마시는 이유가 있을까? 와인은 예수의 수난을 기념하는 성찬식에 사용되고, 예수의 피의 상징인 와인은 당연히 붉은색이어야 한다. 투명한 피는 이상하지 않은가? 기독교 문화의 영향으로 레드 와인이 당연한 것처럼 사용된다.

유럽은 국가별로 레드 와인을 마시는 비율이 조금씩 다르다. 독일은 유럽 전체 평균과 비슷한 수치를 보이고, 오스트리아는 레드 와인과 화이트 와인의 비율이 반반 정도다. 유럽에서도 북쪽이나 동쪽으로 갈수록 레드 와인의 비중이 낮아진다. 기독교 문화의 영향이 약해진 것이 아니라 기후 때문이다. 적포도는 추운 지방에서 잘 자라지 못한다. 재배하더라도 당도가 높지 않다. 피노 누아가 가장 낮은 기후 조건에서 자라는 적포도 품종이고, 프랑스 부르고뉴가 북방 한계다. 대표적인 청포도 품종인 샤도네이Chardonnay는 부르고뉴에서 재배되는 청포도다. 기온이 낮은 독일로 가면 가장 오래된 포도 품종인 리슬링Riesling이나 뮐러 투르가우Müller Thurgau가 주로 새배된나. 적포도로는 화이트 와인을 만들 수 있지만, 청포도로 레드 와인을 만들 수는 없다. 결국 그 지역에서 재배할 수 있는 포도로 만든 와인을 마셔 온 것이다.

덴마크의 구운 와인

프랑스는 온화한 기후와 대규모 포도밭 덕분에 와인 생산의 중심지가 되었다. 스페인이나 포르투갈 등지에서는 포도 재배에 문제는 없다. 그렇지만 만든 와인이 더운 기후 때문에 너무 쉽게 시어 버린다. 이러한 문제들을 해결하기 위해서 유럽 각지에서는 와인을 살짝 변형한 술이 등장했다. 중세 말기, 영국은 프랑스와 백년전쟁을 치르는 동안 스페인이나 포르투갈에서 와인을 수입했다. 그런데 문제는 스페인이나 포르투갈에서 영국까지 운반하는 동안 와인이 시어 버리는 것이었다. 이를 해결하기 위해서 알코올 농도를 18~20퍼센트로 높이는 방법을 선택했다. 증류 와인을 섞어 알코올을 강화한 이 보강 와인을 포티파이드 와인Fortified Wine이라고 한다.

포르투갈의 포트 와인이 대표적인 포티파이드 와인이다. 도루강 하구를 따라 논과 같은 계단식 포도밭에서 재배된 포도로 만든다. 포트 와인은 증류한 포도주를 넣어 1차 발효를 중지시키고, 목통에 넣어 오래 숙성시켜 만든다. 알코올 농도가 높아 말로락틱Malolactic* 균이나 초산균도 자라지 못한다. 목통으로 스며든 공기 때문에 붉은색은 옅어지고 색다른 향미를 내는 달콤한 디저트 와인이 탄생된다.

돈키호테의 고향인 스페인 안달루시아에도 포트 와인과 비슷한

---

* 능금산을 젖산으로 바꾸게 하는 균.

셰리 와인Sherry Wine이 있다. 발효 중인 포도주에 증류 와인을 넣어 초산균이 자라지 못할 정도로 알코올 농도를 높인다. 목통에서 숙성시키면서 공기를 통하게 하면, 액체의 표면에 효모가 한 층으로 두텁게 자라면서 신맛을 줄이고 알코올을 더 많이 만든다. 스페인어로 이 액체의 표면에 자라는 효모를 꽃이라고 부르는데, 바로 이것이 일반적인 와인에서 느낄 수 없는 맛을 낸다.

마데이라 와인Madeira Wine 역시 알코올이 강화된 포티파이드 와인이다. 유럽인들이 아메리카 대륙을 발견하고, 이주하면서 와인에 대한 새로운 수요가 발생했다. 이들의 수요를 충족시키기 위해서 포르투갈의 마데이라 지방에서 만든 와인을 배에 실어 보냈다고 한다. 그런데 배를 타고 대서양을 건너는 동안 목통에 실린 와인에 문제가 발생하고 말았다. 덥고 습한 배의 화물칸에서 숙성이 잘못된 것이다. 당연히 문제가 생긴 와인은 반품당하고 말았다. 그런데 이 반품된 와인이 숙성을 거듭하면서 특이한 맛의 '마데이라 와인'으로 재탄생했다.

추위로 포도 재배가 불가능한 덴마크에서는 프랑스 와인을 대규모로 수입했다. 수입 와인에 관세가 높아지면서 '세테크'가 등장했다. 덴마크에서는 프랑스에서 와인을 증류해 부피를 줄여서 수입하고, 이를 다시 물에 희석해 와인을 만드는 방식으로 소비했다. 후에 증류한 와인을 목통에서 오래 숙성시키면 더 맛있는 술이 된다는 사실을 발견했다. 이렇게 우연히 발견한 술이 브랜디로 발전하게 되었다. 브랜디는 '구운 와인'이라는 뜻의 덴마크어에서 유래했다.

단맛과 일조량의 관계

와인용 포도의 학명은 비티스 비니페라Vitis vinefera다. 학명은 하나지만, 품종은 수백 개에 이른다. 생산 지역마다 재배하는 품종이 다르다. 와인마다 사용되는 포도의 품종도 당연히 다르다. 그런데 유럽 와인의 라벨에는 품종이 표기되지 않는다. 어떤 이유에서일까? 오래전부터 재배해 왔던 동네 포도라서 포도 품종을 알 필요가 없기 때문이다. 같은 품종도 동네마다 이름이 다르지만, 문제가 되지 않는다. 어느 집 와인이 맛있고, 어느 해 와인은 별로였다 정도로 인지하고 있을 뿐이다. 품종보다는 재배 지역이나 포도밭이 더욱 중요하기 때문이다. 라벨에 포도밭이 있는 동네 이름이나 샤토 혹은 도메인이라는 지역명과 생산 연도가 적힌 이유다.

그러나 와인 비즈니스가 확대되고 국제화되면서, 포도의 품종도 와인 라벨에 등장하기 시작했다. 스페인과 이탈리아에서 생산되는 수출용 와인의 라벨에는 포도의 품종이 종종 등장한다. 독일과 오스트리아 와인 라벨에서는 품종을 자주 볼 수 있다. 반면 와인의 관점에서 신세계에 해당하는 미국, 칠레, 호주, 아르헨티나, 남아프리카공화국의 와인 라벨에는 포도 품종을 거의 예외 없이 표기한다. 역사와 전통이 짧지만, 고급 포도 품종을 들여와 재배했다는 사실을 강조하려는 의도인 듯하다. 전 세계에 걸쳐 가장 좋은 와인을 만드는 포도 품종을 의미하는 '노블 그레이프Noble Grape'라는 새로운 말도 생겼다. 고급 와인을 만드는 포도 품종이라는 의미이지만, 신세계 와인도 와인의 원조인 유럽의 포도로 만든다는 사실을 강조하는 것이다.

프랑스 보르도 지방의 와인용 포도는 카베르네 소비뇽과 메를로Merlot다. 여기에 말베크Malbec, 소비뇽 블랑Sauvignon blac, 프티 베르도Petit verdot가 첨가되는데, 따로 발효시킨 후 배합하면 보르도 와인이 완성된다. 프랑스 와인의 명성을 함께 지켜 온 부르고뉴의 와인은 피노 누아를, 론강 유역의 와인은 시라Syrah 포도를 주로 사용한다. 부르고뉴에서 알자스를 거쳐 독일까지 재배되는 리슬링과 루아르 지역의 샤도네이는 화이트 와인을 만드는 포도다. 스페인이나 이탈리아도 고유의 와인용 포도 품종이 많다. 스페인을 대표하는 품종인 템프라니요Tempranillo는 지역마다 부르는 이름이 40개나 된다. 이탈리아의 와인용 포도는 수없이 많다. 투스카니 지역의 산지오베제Sangiovese부터 몬테풀치아노Montepulciano처럼 지역명이 곧 품종명인 경우도 있다. 로마 시대부터 포도나무를 교배시키고 개량해 와인에 적합한 품종으로 육종시켜 온 결과다.

노블 그레이프는 원래 샤도네이, 소비뇽 블랑, 리슬링, 카베르네 소비뇽, 피노 누아, 메를로, 시라 7개의 품종을 지칭하는 이름이었다. 고급 와인용 포도 품종이라고 와인 잡지에 소개되었고, 국제적인 인지도를 가진 포도 품종이라는 설명이 뒤따랐다. 미국 등 소위 신세계에서 재배되는 와인용 포도의 품종이 점차 늘어나고 수량도 많아지면서, 노블 그레이프에 포함되는 포도가 하나둘 늘었다. 와인 전문가나 잡지에 따라 18~20개까지 늘어났다. 많이 재배되는 와인용 포도 품종 목록과 큰 차이가 없다. 이제 노블 그레이프는 그저 와인용 포도의 별칭일 뿐이다.

노블 그레이프라고, 거봉처럼 크고 먹기 좋은 포도도 아니다. 와인용 포도는 알이 작고 껍질은 두껍다. 씨도 크고 과육이 작아 사실 먹을 게 없다. 그러나 당도가 높고, 향기는 짙다. 당도 높고 향이 좋은 이 포도 알이 저절로 영그는 것은 아니다. 포도의 당분은 광합성의 결과다. 일조량이 포도의 당도를 결정한다. 어린 포도송이를 적당히 솎아 내고, 잎이 햇빛을 최대한 받도록 가지치기를 해야 한다. 일교차가 클수록 당도가 올라간다. 광합성을 하지 않는 밤에는 당분을 다시 소비하기 때문이다. 밤 기온이 낮으면 대사 활동이 느려져 당분을 적게 소비한다. 그래서 포도밭은 햇빛을 받으면 바로 기온이 오르는 남향의 경사지에 많다. 밤에는 골바람이 불어 기온이 빨리 내려가는 곳이 좋다. 다른 잎에 가려 누렇게 변한 잎은 오히려 당분을 소비한다. 가지치기와 철저한 재배 관리만이 당도 높은 포도를 얻는 방법이다.

포도가 알코올이 되는 과정

포도의 당분이 와인을 만들까? 공기가 없으면, 그렇다. 포도를 으깨어 통에 담으면 효모가 자라면서 발효가 시작되고, 포도당이 알코올로 바뀐다. 그러나 공기가 닿으면 효모는 알코올을 만들지 않는다. 공기가 없는 조건에서만 알코올 발효를 한다. 발효 중이더라도 공기가 닿는 순간 발효를 멈춘다. 그래서 술을 담글 때는 공기가 들어가지 않도록 신경 써야 한다. 산소 없이 어떻게 숨을 쉬는지 의아하지만, 미생물은 문제가 없다. 산소가 없던 30억 년 전 원시 지구에서 번성했던 것이 미생물이기 때문이다.

우리도 공기를 제한해야 발효가 일어난다는 것을 경험적으로 안다. 이를테면, 김치를 담글 때 절인 배추를 눌러 담아 기포를 빼지 않는가. 공기가 통하지 않아야 젖산균이 자라면서 김치를 맛있게 익힌다. 젖산 발효와 달리 알코올 발효는 탄산 가스(이산화 탄소)를 배출한다. 술을 담그면 처음엔 탄산 가스 기포가 조금씩 올라와 공기를 밀어낸다. 탄산 가스가 가득 차면 무산소 상태가 되어 본격적으로 발효가 진행되는데, 이 때문에 통에 담긴 포도를 으깨 두면 저절로 발효된다.

효모는 산소가 없으면 발효를 하지만, 산소가 있으면 그냥 자란다. 알코올을 만들지 않을 뿐이다. 마치 우리가 호흡하듯이 효모도 호흡하면서 살아간다. 당연히 산소뿐만 아니라 영양분도 있어야 효모가 증식한다. 산소의 유무에 따라 알코올 발효 여부가 달라진다. 이른바 파스퇴르 효과Pasteur effect 다*.

발효는 산소가 없는 조건에서 숨이 막힌 효모가 알코올을 토해

---

* 　프랑스의 화학자 파스퇴르가 발견했다. 포도당은 해당 과정을 거쳐 분해된 후 산소가 없으면 더는 산화되지 않고 에탄올로 바뀐다. 또 산소가 공급되는 조건에서는 에탄올을 만들지 않고 물과 이산화 탄소로 완전히 산화시키고 에너지를 얻는다.

내는 과정이다. 산소가 없어도 효모는 자란다. 알코올 발효를 하면서 천천히 자랄 뿐이다. 반면 당분은 서너 배 빨리 먹어 치운다. 포도당에서 알코올을 만드는 생화학 반응에만 전념하기 때문이다. 당분을 거의 모두 알코올로 바꾼다.

인간에게 술을 만들어 주니 감사한 일이지만, 알코올 발효는 효모의 생존 전략이다. 사실 효모는 자신을 위해 당분을 알코올로 바꾼다. 알코올이 많을수록 주변의 다른 미생물은 자라지 못하거나 죽는다. 결국, 알코올 발효는 다른 미생물을 죽이고 당분을 독식하는 방법인 것이다. 당분이 많은 과육이 생겨나면서, 먹이 경쟁에서 유리하도록 진화했기 때문이다.

그렇다고 효모가 언제나 승자가 되는 것은 아니다. 다른 미생물이 빨리 자라 효모의 성장을 막는 일도 있다. 바로, 부패다. 와인 발효에서는 부패를 억제하고 정상적으로 발효가 잘 일어나도록 아황산을 미량 첨가한다. 자연 상태의 포도에도 아황산이 소량 존재하는데, 추가로 더 넣는 것이다. 아황산은 부패 미생물이 자라는 것을 억제하고, 술 효모가 잘 자라도록 돕는다. 술 효모는 아황산에 영향을 받지 않기 때문이다. 아황산을 식품에 첨가하는 것은 엄격하게 제한되지만, 와인은 예외다. 발효가 실패하지 않도록 예부터 사용해 온 방법이다. 지금은 술 효모를 따로 배양해서 첨가한다. 아황산이 없어도 와인 발효가 실패할 가능성이 매우 낮아진 것이다. 아황산을 따로 첨가하지 않은 와인이 점차 늘고 있다.

효모의 정체

효모는 어디서 왔을까? 앞서 말했듯이, 술 효모는 포도의 당분이 없어질 때까지 계속 알코올을 만든다. 알코올 농도가 높아지면 다른 미생물은 죽거나 분해되어 없어진다. 마지막에 남는 것이 효모다.

효모는 미생물이다. 미생물은 세균과 곰팡이로 분류된다. 효모는 곰팡이 종류에 속한다. 분류학상 효모와 술 효모를 혼용해서 쓰기 때문에 가끔 혼란을 일으킨다. 이를테면, 알코올 발효와 무관한 효모도 많다. 칸디다증을 일으키는 칸디다균도 효모에 속하지만, 알코올 대신 질병을 일으킨다. 포도 껍질엔 포도 과즙인 클로엑케라 아피쿨라타Kloeckera apiculata 효모가 많다. 포도와 공생하지만, 알코올 발효와 무관한 종류의 효모다. 반면 이름은 다르지만 알코올 발효 효모와 같은 것도 있다. 빵을 부풀리는 빵 효모는 의외로 술 효모와 같은 종이다.

술 효모는 현미경이 발명되면서 정체를 드러냈다. 맥주나 와인 찌꺼기에서 크기가 매우 작은 타원형 미생물이 관찰되었고, 알코올 발효를 해서 효모라고 부르게 되었다*. 곧 유사한 모양을 가진 미생물이 여기저기서 관찰되면서, 효모라고 통칭하게 되었다. 지금까지 발견된 효모는 1,500종이 넘는다. 현미경으로 보았을 때 타원형

---

* 현미경의 발전에 힘입어 1837년 프랑스의 카르니아르 라투르Cargniard-latour 등이 맥주에서 증식하는 구형의 존재를 발견했다. Nature Education 3, p.17.

이나 달걀 모양을 하고 있고, 비슷한 크기를 가지며, 출아법으로 번
식하는 공통적인 특징을 가지고 있다. 그중에서 알코올 발효로 술
을 만드는 효모는 학명으로 사카로마이세스 세레비시에$_{Saccharomyces}$
$_{cerevisiae}$라고 부르는 출아형 효모다. 사카로마이세스는 당 곰팡이, 세
레비시에는 맥주라는 뜻이다. 즉 당분을 좋아하는 맥주 곰팡이라는
의미다. 라틴어로 곰팡이지만, 미생물학적으로 곰팡이의 하위 분류
인 효모에 속한다. 병원에서 효모는 칸디다균과 같은 질병을 일으
키는 미생물을 지칭할 수 있지만, 술의 세계에서 효모는 주로 사카
로마이세스 세레비시에를 말한다.

효모의 까다로운 식성

단순 당은 인스턴트 음식이나 탄산음료에 많아 비만의
주범으로 비난받는다. 그런데 효모는 이런 단순 당을 좋아한다. 좋
아하는 정도가 아니라, 단순 당이 아닌 것은 아예 먹질 못한다. 까다
로운 식성으로 단순 당 중에서도 포도당, 과당, 설탕 혹은 맥아당만
먹는다. 포도당은 이름 그대로 포도에 많은 단순 당이다. 과당은 과
일에 많아서 붙은 이름이다. 설탕은 과당과 포도당이 결합한 것이
다. 맥아당은 포도당이 2개 붙어 있는 단순 당이다. 효모는 이런 단
순 당을 먹고 알코올 발효를 한다.

그렇지만 단순 당에도 예외는 있다. 우유나 마유에 있는 젖당도

단순 당이지만, 효모는 먹지 못한다. 그래서 몽골의 마유주는 효모 단독으로 발효시켜 만들지 못하고 다른 미생물의 도움을 받아야 한다. 곡식의 녹말은 단순 당이 아니다. 녹말은 분해되어야 포도당이나 맥아당이 된다. 누룩이나 맥아를 사용해 녹말을 단순 당으로 바꾸지 않으면 효모는 녹말을 먹지 못한다. 곡식은 바로 술이 되지 않지만, 포도나 꿀 혹은 나무의 수액은 단순 당이 대부분이다. 다시 말해, 효모만 있으면 바로 술이 된다.

효모는 세포막을 통해 흡수하는 방식으로 단순 당을 먹는다. 포도당, 과당, 맥아당은 흡수되어 생화학 반응의 원료가 된다. 해당解糖 과정이라고 부르는 순차적인 효소 반응을 통해 알코올로 변한다. 설탕은 효모 표면의 효소로 인해 포도당과 과당으로 분해되어 흡수된다. 반면 유당은 흡수되어도 알코올을 만드는 생화학 반응에는 작용하지 못하기 때문에 다시 배출된다. 효모가 먹지 못하는 것과 같은 원리다. 효모는 설탕이나 맥아당을 제외한 다른 당분을 포도당이나 과당으로 만들지 못하기 때문이다. 이를테면, 효모는 입이 짧달까. 효모는 항상 단순 당이 풍부한 부유한 환경에서 자랐기 때문에 다른 당분을 분해하는 능력이 필요 없다.

 ## 발효와 알코올의 과학

효모는 먹은 만큼 알코올을 만든다. 당분을 다 먹어 치우면 알코올 발효도 멈춘다. 포도당 한 분자에서 알코올과 탄산 가스를 2분자씩 만들어지는 생화학 반응이 진행되기 때문이다. 무게로 환산하면, 포도당 100그램으로부터 알코올 51.1그램을 얻을 수 있다. 당분의 절반 정도 알코올이 만들어지는 셈이다. 당도가 20퍼센트인 과일즙을 발효시키면 알코올이 약 10퍼센트인 과실주를 얻을 수 있다. 그런데 일반적으로 술은 알코올 무게가 아니라 부피를 기준으로 계산하고 표기한다. 따라서 부피 퍼센트로 혹은 퍼센트 ABV*로 나타낸다. 부피 알코올인 ABV는 한 번 더 계산해야 한다. 알코올은 물보다 가볍고 밀도는 0.79다. 따라서 10퍼센트를 0.79로 나눈 12.7퍼센트가 알코올의 부피 퍼센트다. 이론적으로 당도가 20퍼센트인 포도를 발효시키면 알코올 농도가 약 12.7퍼센트인 와인을 얻는다.

실제로는 효모가 소비하거나, 손실되는 당분도 있어서 약 2퍼센트가 더 필요하다. 포도의 당도가 22퍼센트는 되어야 한다는 의미다. 과일의 당도 역시 퍼센트보다 브릭스Brix로 표시한다. 브릭스는 용액에 녹아 있는 100그램당 당분의 그램 수를 의미하므로 무게 퍼센트와 같다. 결론적으로 당도가 22브릭스면 12.7퍼센트, 24브릭스면 14.2퍼센트, 26브릭스면 15.5퍼센트의 알코올 와인을 얻을 수 있다. 효모의 종류나 발효 조건에 따라 다소 달라지지만, 일반적인 조건에서 알코올 생산을 계산하는 방법이다. 와인 라벨에 표시된

* Alcohol by volume

알코올 퍼센트도 소수점 이하까지 정확한 것은 아니다. 국가별로 0.5~1퍼센트의 오차를 허용한다.

당분이 있다고 무한정 알코올을 만드는 것은 아니다. 알코올 농도가 높아지면 효모는 자라지 못하고 대사 활동을 멈춘다. 알코올 농도가 15퍼센트에 가까워지면 발효는 중단된다. 효모가 알코올에 절어 더는 알코올을 만들지 못하는 것이다. 알코올 내성이 높은 효모도 있지만, 대체로 알코올 내성은 15퍼센트 수준이다. 따라서 일반적으로 발효주인 와인이나 약주, 청주의 알코올 농도는 15퍼센트가 한계다. 알코올 내성이 높은 효모를 사용하거나 저온에서 장기간 발효시키면 알코올 농도를 몇 퍼센트포인트 더 높일 수 있을 뿐이다.

효모의 알코올 발효 한계인 15퍼센트 알코올을 만들려면 원료의 당도는 약 26브릭스가 필요하다. 기후가 온화한 남부 유럽이나 캘리포니아에서 재배되는 포도의 당도는 26브릭스까지 올라간다. 프랑스 보르도의 카베르네 소비뇽 수확철 당도는 일반적으로 24브릭스 이하다. 이로 인해 와인의 알코올 농도가 대체로 15퍼센트 이하다.

가끔 알코올 농도가 16퍼센트인 시라즈 품종으로 만든 와인도 있다. 포도 수확 시기를 일주일쯤 늦추면 당도가 1~2브릭스 더 높아진다. 알코올도 0.5~1퍼센트 더 높아진다. 이런 와인은 라벨에 수페리어 혹은 수페리오레라고 표기되어 있는데, 알코올 농도가 조금 높기도 하지만 농익은 포도의 짙은 향이 담겨 있다는 뜻이다. 와인용 포도는 위도 30도에서 50도 사이에서 재배된다. 북쪽으로 갈수록 기온은 낮아지고, 포도의 당도는 줄어든다. 부르고뉴 샤도네이나 라인강 기슭 리슬링의 당도는 조금 낮다. 화이트 와인의 알코올 농도도 레드 와인보다 낮은 편이다. 효모는 당분을 먹은 만큼 알코올을 만들기 때문이다.

척박한 땅이 결정짓는 맛

흔히들 와인의 맛과 향은 양조장보다 포도밭에서 결정된다고 말한다. 최고 품질의 와인을 만드는 특별한 품종이 따로 있는 것은 아니다. 같은 품종이라도 토양이나 포도밭의 입지가 더 중요하다. 한 예로, 테루아Terroir라는 포도밭의 토양 환경이나 주변 기후가 포도의 짙은 향을 결정하기 때문이다.

역설적으로 척박한 땅에서 자란 포도가 좋은 포도다. 보르도의 좋은 포도밭 토질은 자갈밭이거나 석회석이 많고 구릉 지역에 넓게 펼쳐져 있다. 또 배수가 잘되는 건조한 땅이다. 건조한 땅으로 뿌리를 깊게 내릴수록, 알이 작고 향미 성분도 풍부한 좋은 포도가 만들어진다. 가뭄 끝에 맛있는 과일이 나는 것과 같은 이유다. 여기에 질소 성분이 적은 토양이라면 금상첨화다. 날씨만 받쳐 준다면 당도가 높고 향미가 풍부한 최고의 포도를 얻을 수 있다. 그러나 수확량은 적고 비용이 많이 든다. 당연히 와인이 비쌀 수밖에 없다. 프랑스의 5대 고급 와인이라고 주장하는 샤토 무통 로트칠드Château Mouton

Rothschild, 샤토 마르고Château Margaux, 샤토 라투르Château Latour, 샤토 오 브리옹Château Haut Brion 그리고 샤토 라피트-로트칠드Château Lafite-Rothschild 모두 보르도를 관통하는 지롱드강 왼쪽 기슭에 위치한 메독과 그라브의 척박한 토양에서 생산된다.

부르고뉴의 본 로마네 지역의 작은 포도밭은 최고의 테루아로 유명하다. 이곳에서 소량 생산되는 로마네 콩티Romanée-Conti는 너무 비싸서, 마시는 와인이라기보다 수집품에 가깝다. 이곳은 관광객도 끊이지 않는다. 물길이 관통하는 마을 뒤편 언덕을 따라 배수가 잘되는 언덕 지대에 로마네 콩티를 생산하는 포도밭이 형성되어 있다. 언덕을 따라 포도밭의 등급도 정해져 있다. 가장 좋은 포도밭은 그랑 크뤼Grand cru, 그 다음이 프리미어 크뤼Primier cru, 나머지는 그냥 부르고뉴다. 그랑 크뤼는 주로 프리미어 크뤼에 둘러싸여 있는데, 최고의 테루아가 형성된 좁은 지역이다. 이곳이 바로 로마네 콩티 도메인이다*. 이곳이 바로 뿌리를 깊게 내리고 짙은 향을 만드는 최고의 포도를 탄생시키는 곳이다.

미국의 와인 재배 지역의 토양도 많이 척박하다. 캐나다와 국경을 맞대고 있는 워싱턴주의 포도밭은 유기물이 거의 없는 토양이다. 오래전 빙하에 덮여 식물의 흔적이 없었던 토양이 1만 5,000년 전에 빙하를 따라 쓸려 온 것이다. 빙하가 쓸고 가면서 만든 계곡을

---

*   로마네 콩티 도메인은 본 로마네의 8개 그랑 크뤼 포도밭이다. 이곳에서 생산되는 최고급 와인의 라벨과 생산량 정보를 제공하는 인터넷 웹페이지의 주소는 http://m.romanee-conti.fr/이다. 오로지 프랑스어로만 되어 있다.

따라 척박한 토양이 좁고 길게 형성되어 있다. 캘리포니아의 소노마 카운티 와인 중에서도 러시안 리버 밸리에서 생산되는 와인의 가격은 한 단계 높다. 러시안 밸리는 쥐라기와 백악기에 침식되어 형성된 계곡에 진흙투성이의 사암과 자갈이 쌓여 형성된 척박한 토양이다. 좋은 와인은 이런 척박한 땅에서 만들어진다.

건조하고 온화한 기후까지 거들어, 캘리포니아는 와인용 포도 재배에 있어 최상의 조건이다. 건조한 기후도 필수적이다. 강수량은 연간 500~700밀리미터가 좋고, 수확 시점이 다가올수록 비가 적게 내려야 한다. 미국 캘리포니아나 칠레 안데스 산맥의 계곡 같은 건조한 지역은 물이 부족하지만, 오히려 물을 공급해서 와인용 포도를 재배한다. 인위적으로 급수량을 조절해 향미가 좋은 포도를 재배한다. 매년 달라지는 강우량 때문에 생긴 빈티지의 개념도 없다. 와인의 라벨에 쓰인 건조 농법Dry farming 혹은 제한 급수Controlled irrigation가 이런 방식으로 재배한 포도를 사용했다는 표시다.

포도나무는 왜 척박한 땅에서 최고의 포도 알을 여무는 걸까? 씨앗을 퍼트려 척박한 땅을 벗어나기 위해 최선을 다하라고 유전자에 프로그램되었기 때문이다. 짙은 향을 내는 검붉은 포도 알갱이를 탐스럽게 맺는 이유는 씨앗을 퍼트려 줄 동물을 유혹하기 위해서다. 척박한 땅을 벗어나려 때깔 좋고 향긋한 포도 알을 만들지만, 정작 인간의 손에서 벗어나지 못하는 운명이다. 수십 년간 한자리에서 그저 좋은 포도 알을 맺을 뿐이다.

로마네 콩티를 생산하는 포도 종자를 다른 곳에 옮겨 심는다 해도 최고급 와인을 얻기 어렵다. 물 공급이 충분하고 좋은 땅에서 무성한 포도나무로 자랄 수는 있겠지만, 정작 포도는 맛이 없을 것이다. 멀리 가지 않고 그 땅에 씨앗이 떨어져 번식하는 것이 유리하다. 좋은 땅이라면 씨앗을 멀리 퍼트릴 필요가 없다.

달달한 향미를 위하여

와인의 단맛은 어디서 유래한 것일까? 커피는 나중에 설탕을 넣어서 단맛을 조절할 수 있지만, 와인의 단맛은 와인용 포도의 당도에 따라 달라진다. 알코올 발효 후에 당분이 남으면 단맛이 난다. 효모가 와인용 포도의 단순 당을 모두 먹어 치우면, 남아 있는 당이 없는 무당 와인이 만들어진다. 단맛이 없어 드라이 와인이라고 한다. 당이 없으면 타닌Tannin의 떫은맛이 두드러져 입속의 침이 마른 것 같은 느낌을 준다. 서양인의 감각은 이런 느낌을 건조하다고 느끼고, '드라이'하다고 표현한다.

효모는 당을 먹은 만큼 알코올을 만들지만, 알코올이 많아지면 힘에 부친다. 따라서 일정 농도가 되면 발효를 멈춘다. 이것이 알코올 내성이라고 한다. 와인 효모의 알코올 내성은 12~18퍼센트 범위다. 맥주 효모보다 월등히 높다. 와인 효모는 와인용 포도와 궁합도 중요하지만, 알코올 내성이 더욱 중요하다. 상업적으로 판매되는 와인 효모의 설명서에는 항상 알코올 내성이 표시되어 있다*. 알코올 내성이 높으면 효모는 마지막까지 당을 먹어 치운다. 이런 효모를 사용하면 단맛이 없는 드라이 와인을 만들 수 있다.

와인용 포도의 당도가 25브릭스면, 알코올 발효 이론에 따라 대체로 알코올 15퍼센트 와인이 얻어진다. 이때 알코올 내성이 15퍼센트 이상인 효모를 사용하면 당을 모두 먹어치워 드라이 와인이 된다. 반면 알코올 내성이 13퍼센트인 효모를 사용하면 알코올 농도는 13퍼센트에서 멈추고 당이 남는다. 그러면 살짝 단맛이 나는 세미 드라이 와인이 된다. 알코올 농도가 13퍼센트에 가까워지면 발효 속도가 현저하게 느려지기 때문이다.

당이 많이 남아 있으면 세미 스위트 혹은 스위트 와인이 된다. 적당히 단맛이면 세미 스위트 와인이고, 거북할 정도로 단맛이면 스위트 와인이다. 스위트 와인은 술에 꿀을 섞은 것 같다. 대부분 후식용 와인으로, 보통 식당에서 식후 먹는 달콤한 케이크와 같이 내온다. 같은 계열의 맛이 강한 와인이 페어링의 원칙이다. 디저트 케이크보다 달지 않다면, 와인의 맛을 느낄 수 없을 것이기 때문이다. 보통 사람들의 입맛에는 너무 달지만, 단 후식 케이크와 스위트 와인을 탐닉하는 사람도 많다.

포도의 당도가 높아야 스위트 와인을 만들 수 있다. 예를 들어, 포도의 당도가 30브릭스라면 26브릭스가 알코올 15퍼센트를 만들고 4브릭스가 남는다. 단맛이 겨우 느껴질 정도의 당분만 남는 것이다.

---

*   와인 효모를 공급하는 회사로 랄망Lallemand, 레드스타Red star, 빈터 하베스트Vinter's Harvest, 와이이스트Wyeast, 화이트 랩스White labs가 있다.

당도가 30브릭스가 되는 포도도 매우 드물다. 알코올 내성이 매우 낮은 효모를 사용하거나 설탕을 첨가하면 가능하지만, 상품 가치는 떨어진다. 그런데 필요는 발명의 어머니다. 단맛을 탐닉하는 사람들은 스위트 와인을 만들기 위해서 특별한 방법을 개발했다. 이탈리아 투스카니 지방의 빈 산토 로소Vin santo rosso 는 반쯤 말린 포도로 만든 와인이다. 반건조 포도라 부피가 줄어 보통 와인보다 2배 많은 포도가 필요하다. 당도 역시 2배로 높아져 발효시키면 당이 충분히 남아 짙은 단맛을 낸다. 와인용 포도의 향기 성분도 농축되어 헤이즐넛이나 캐러멜 향이 짙다.

　프랑스 보르도 남부에서 생산되는 소테른Sauternes 와인은 말라 쭈그러든 포도를 사용한다. 보트리티스Botrytis 곰팡이가 자라 포도 껍질의 왁스 층을 분해시켜 수분이 증발되어 모양이 찌그러지고 마치 부패한 포도처럼 보인다. 건조된 포도를 사용하므로 발효된 와인의 당분은 많고 맛은 달다. 보트리티스 곰팡이가 내는 특이한 향미가 일품이어서, 귀하게 부패하였다고 '귀부 와인'이라 부른다. 헝가리 토카이 와인도 귀부 와인으로, 난맛이 강한 디저트 와인이다. 상제로 발효를 중단시키는 방법도 사용한다. 포르투갈의 포트 와인은 중간에 증류한 와인을 섞어 발효를 중단시켜 만든다. 이후 오크통에서 오래 숙성시킨다. 잔존 당이 많이 남아 와인보다 무거운 느낌을 주지만, 짙은 단맛에 화려한 향을 가진 술이다. 와인은 달지 않아도 맛있고, 조금 달아도 맛있고, 너무 달아도 여전히 맛있다.

　화이트 와인의 알코올 도수는 대체로 레드 와인보다 낮다. 청포

도의 당도가 낮기 때문이다. 당도가 낮으면 알코올 농도도 낮아진
다. 당도가 낮은 청포도로 달콤한 화이트 와인을 어떻게 만들 수 있
을까? 방법이 없는 것은 아니다. 청포도의 당도를 높이기 위해 포도
를 얼린다. 냉동고에 넣어 얼리는 것이 아니라, 기온이 영하 7도로
떨어져 포도 알이 얼면 수확한다. 포도 알에 생긴 얼음 알갱이가 녹
지 않도록 기온이 낮은 새벽에 포도송이를 조심스레 딴다. 얼음 알
갱이를 제거하면 당도가 높은 포도즙을 얻을 수 있다. 독일, 헝가리,
캐나다의 아이스 와인은 이렇게 만든다.

과육의 신맛을 좌우하는 것

와인은 신맛이 강한 술이다. 청주나 막걸리보다 강하지
만, 레모네이드보다는 약하다. 신맛은 모두 유기산 때문이고, 술마
다 유기산의 종류와 함량이 다를 뿐이다. 유기산이라는 단어가 생소
하지만, 주변에서 익히 들어 알고 있는 것들이다. 김치나 요구르트
에 있는 젖산이 바로 유기산이다. 식초의 신맛을 내는 초산도 유기
산이다. 이외에 레몬의 신맛인 구연산, 호박에 많은 호박산, 덜 익은
사과의 신맛을 내는 능금산도 있다. 포도에 많은 유기산은 능금산과
주석산이다. 주석산의 주는 술 주酒자이고 석은 돌 석石자다. 우리말
로 '술의 돌'이라는 뜻이다. 와인을 만들 때 침전하는 찌꺼기에서 유
래한 이름이다. 모두 미생물이나 세포에서 만들어지는 산성 물질이

기 때문에 유기산이라 부른다. 산성이고 신맛이 난다.

유기산은 종류마다 신맛이 다르다. 젖산의 신맛은 요구르트를 마셔 본 사람이면 누구나 안다. 신듯 아닌 듯 부드러운 맛이다. 레모네이드를 떠올리는 것만으로도 입에 침이 고이는 구연산의 신맛은 자극적이고 날카롭다. 그러나 단맛과 어울리는 청량감을 준다. 가공식품의 신맛은 대체로 따로 첨가하는 구연산 때문이다. 가장 독한 신맛은 초산이다. 신맛도 신맛이지만 코를 찌르는 냄새가 더 독하다. 그러나 식초 없이 초밥이나 냉면이 맛을 낼 수 있을까? 시큼하지만 상쾌한 식감을 준다.

가장 맛이 없는 유기산은 능금산이다. 덜 익은 사과나 능금에 많아 이런 이름이 붙었는데, 익지 않은 과일에서 나는 불쾌한 신맛이 바로 능금산에서 유래한 것이다. 고약한 신맛이 나는 능금산은 설익은 과일에 많다. 포도도 씨앗이 여물기 전에는 능금산을 많이 만들어 과육의 맛을 좋지 않게 한다. 씨앗이 여물면서 능금산이 줄어들고, 당분은 높아진다. 과육이 맛있어져 씨앗을 퍼뜨리게 된다. 과육으로 씨앗을 버트리노록 진화한 식물의 안전상지다. 《이솝 우화》속 여우와 신 포도 이야기에 나오는 것처럼, 유럽의 포도도 설익었을 때는 대단히 고약한 신맛을 내는 모양이다. 잘 익은 포도를 사용하여 와인을 만들지만, 단맛이 없어져 균형이 깨지면 능금산의 고약한 신맛이 두드러진다.

와인의 신맛은 포도의 유기산 때문이다. 높은 당도 때문에 신맛이 강하게 느껴지지 않을 뿐이다. 발효 과정에서 알코올은 많아지고 당분이 줄어들면 능금산의 신맛이 두드러진다. 오크통에서 후발효 과정을 거치면, 능금산은 모두 젖산으로 바뀐다. 능금산의 강한 신맛에 가려졌던 다른 유기산의 맛이 드러나고 젖산과 어우러진 부드러운 신맛이 나는 와인이 만들어진다.

낮은 기후 조건에서 재배된 청포도는 산미도 높다. 리슬링이 가장 신맛이 세고, 샤도네이는 중간 정도, 뮐러 투르가우는 신맛이 약한 품종이다. 그래서 화이트 와인은 레드 와인보다 pH(수소 이온 농도)도 낮다. pH는 용액의 산성도를 가늠하는 척도인데, 화이트 와인의 pH는 3~3.5 범위다. 레몬보다 조금 높은 수준이다.

청포도에 유기산의 함량이 높기도 하지만, 후발효 없이 본발효만으로 만드는 경우가 많다. 리슬링, 소비뇽 블랑, 피노 그리지오Pinot Grigio 같이 신맛이 강한 포도가 그렇다. 말로락틱 발효가 일어나지 않아 능금산이 남아 있다. 청포도의 깊은 향이 농축되어 날카롭고 바삭바삭한 신맛과 잘 어우러진다. 단맛이 전혀 없으면 신맛이 훨씬 더 강하고, 드라이하게 느껴진다. 상큼한 신맛도 좋지만, 단맛이 있으면 더욱 맛의 균형을 이룬다. 당을 적당하게 남겨 단맛과 균형을 이루는 세미 스위트 혹은 세미 드라이로 분류되는 화이트 와인이 시장에 많다. 샤도네이는 대부분 후발효 과정을 거치는 편이다. 산도가 낮아져 바디감(일종의 중량감)을 주고 말로락틱 발효로 크림 같은 부드러운 젖산의 신맛을 낸다. 말로락틱 균이 만드는 향미에 오크 향을 더한 오묘한 향미를 갖춘다.

포도의 유기산은 품종이나 토양, 기온에 따라 달라진다. 카베르네 소비뇽과 메를로는 타닌뿐만 아니라, 유기산의 함량도 다르다. 따로 발효시켜 와인을 최적 비율로 섞어 숙성시키면, 균형 잡힌 신맛이 나는 와인을 만들 수 있다. 신맛이 강하면 말베크를 섞는다. 보르도에서 재배되는 와인용 포도 말베크는 타닌은 많지만, 유기산이 적다. 타닌과 유기산이 적절하게 균형을 이루어야 와인의 맛이 좋기 때문이다. 맛의 균형이 잘 잡힌 이런 와인을 스트럭처드Structured 와인, 우리말로 풀이하자면 구조가 좋은 혹은 구조적 와인이다. 마치 냉면에 겨자와 식초를 적당히 넣는 것과 비슷하다. 겨자보다 식초가 많으면 너무 시고, 그 반대면 쓰고 매운 향만 강하지 않은가. 겨자와 식초가 모두 지나치면 메밀 면의 은은한 향은 사라져 버린다. 와인의 맛 역시 균형과 중용이 관건이다.

드라이한 감각과 스테이크

술의 단맛을 싫어하는 사람도 많다. 무설탕 커피만 마시는 사람도 많은 것처럼, 드라이 와인만 고집하는 사람도 많다. 드라이 와인보다 단맛이 더 없는 본 드라이bone dry 와인에 집착하는 와인 애호가도 있다. 단맛을 어떻게 더 없앨 수 있을까?

드라이하게 느끼는 감각은 포도 껍질에 있던 타닌 때문이다. 오크통에서 숙성시키는 동안에도 타닌이 우러나온다. 원래 타닌은 떫은맛을 내는 물질로 알고 있다. 설익은 감을 먹었을 때 혀가 마비되는 듯한 이상한 맛이 바로 타닌이다. 그런데 홍시나 곶감이 되면 타닌이 분해되면서 오히려 맛이 좋아진다. 와인도 오래 숙성시키면 맛이 더 좋아진다. 타닌 때문이다. 타닌이 많을수록 숙성 기간 동안 와인의 맛은 계속 좋아진다. 병에 담긴 채로 수년에서 수십 년간 보관하는 이유다. 단순한 보관이 아니라 병 숙성이다. 타닌이 많아 오래 숙성시키면 맛이 좋아지는 와인을 숙성 잠재능Aging potential이 높다고 한다. 타닌의 분해물이 생성되어 와인 맛의 깊이를 더해 주기 때문이다. 아무 와인이나 오래 둔다고 맛이 좋아지는 것은 아니다. 타닌뿐만 아니라 산도와 당도가 적절하게 높아야 한다.

타닌은 단백질에 달라붙는 성질을 가진 폴리페놀류의 물질이다. 폴리페놀은 식물이 자신을 보호하기 위해서 만드는 물질이다. 동물은 면역 기능이 있어 병원균을 물리치지만, 식물은 폴리페놀류의 물질을 만들어서 자신을 방어한다. 포도 껍질의 타닌도 세균의 침입을 막는다. 세균 표면의 단백질이나 효소에 달라붙어 방해하기 때문이다. 그래서 타닌은 혀의 맛 세포의 수용체에도 달라붙는다. 맛 수용체도 단백질이기 때문이다. 수용체에 붙어 맛을 느끼는 작용을 방해한다. 단맛, 신맛, 쓴맛, 짠맛을 동시에 느끼지 못하게 한다. 마치 우리 눈, 코, 귀를 통째로 가려 보고, 듣고, 냄새 맡지 못하게 하는 것과 같다. 그런데 우리 뇌는 이런 상황을 떫은맛으로 인지한다.

타닌이 분해되면 소프트 타닌이 된다*. 이렇게 되면 단백질에 결합하는 능력도 약해진다. 곶감의 오묘한 달콤함도 이 물질의 역할이다. 다른 맛을 더 좋게 하는 원리는 바로 소프트 타닌이 맛 세포에 약하게 달라붙기 때문이다. 다른 음식을 먹으면 맛을 내는 성분들은 막고 있던 소프트 타닌을 밀쳐내고 맛 세포를 자극한다. 마치 눈을 감았다가 멋있는 경치 앞에서 갑자기 눈을 뜨면, 펼쳐진 장관이 더욱 인상적으로 느껴지는 것과 같은 원리다. 드라이 와인을 곁들인 스테이크가 한층 더 맛있어지는 것도 이와 같다. 스테이크를 한점 씹으면 빠져나오는 고기의 육즙이 타닌을 밀어내고 강하게 맛세포를 자극한다. 이어서 마시는 와인 한 모금은 맛의 자극에서 벗어나게 해 준다. 자극은 감각을 둔화시키지만, 소프트 타닌은 맛 세포의 감각을 처음처럼 되돌린다.

포도 향기가 된 아로마 분자

포도의 아로마 분자는 농축되어 와인의 향기가 된다. 와인 750밀리리터 한 병에 포도 1.5킬로그램이 필요하다. 감각적으로 허브 향, 꽃 향, 과일 향 혹은 발삼 향이라는 향기 성분도 화학적으로 밝혀졌다. 포도향은 대부분 테르펜terpene이다. 테르펜이 포도 향의 중심이고, 이것이 고급 와인에 남아 향미를 더한다. 증류하면 농축되어 브랜디 특유의 짙은 향이 된다. 테르펜은 허브 아로마 성분

---

*   소프트 타닌은 떫은맛이 부드러워지기에 붙은 이름이다. 화학적으로 타닌은 응축된 타닌Condensed tannin과 가수분해 타닌Hydrolysable tannin으로 나뉜다. 효소 혹은 에탄올이나 아황산으로 타닌도 분해되어 떫은맛은 없어지고, 가수분해 타닌은 페놀류 화합물로 변해서 약하게 맛 세포에 결합하여 다른 맛을 좋게 한다.

으로 이미 잘 알려져 있다. 귤껍질의 리모넨, 소나무 향을 내는 피넨, 허브 에센셜 오일의 리날로올, 민트의 멘톨이나 제라니움의 제라니올 같은 방향 물질이 모두 테르펜이다. 포도 품종마다 테르펜의 종류나 양이 달라질 뿐이다. 테르펜 함량의 가장 높은 포도 품종인 머스캣Muscat에는 리날로올, 제라니올, 네롤, 테르피네올, 호트리엔올이 많다.

　포도 향의 두 번째는 풀 내음을 내는 C6 화합물과 피라진이다. 포도에만 있는 방향 물질은 아니다. 파프리카 같은 초록색 채소에서 맡을 수 있는 향이다. 테르펜과 어우러져 포도 품종마다 다른 특별한 향을 낸다. 이런 포도의 향이 모두 와인에 남는 것은 아니다. 발효하는 동안 효모가 분해할 수 있기 때문이다. 결국, 효모의 종류에도 영향을 미친다.

　와인의 향기는 포도의 아로마 분자와 효모가 만드는 향기 성분이 더해지며 만들어진다. 효모의 발효 향은 고급 알코올higher alcohol 때문이다. 이는 효모가 알코올을 발효하는 동안 필연적으로 생성되는 부산물이다.

　고급 알코올이라 고급스러운 향으로 생각하기 쉽지만, 여기서 '고급'은 알코올의 화학 구조가 더 복잡하다는 뜻일 뿐이다. 고급 알코올 종류에 따라 솔벤트 냄새 같은 거북스러운 악취부터 꽃이나 과일에서 나는 좋은 향까지 천양지차다. 화학적으로 고급 알코올은 프로필 알코올, 부틸 알코올, 아밀 알코올, 페닐에틸 알코올 등을 통칭해서 부른 것이다. 고급 알코올이라고도 부르는 이유는 에틸 알

코올보다 탄소 분자의 수가 많다는 뜻의 높은 알코올이라는 단어가
의도치 않게 고급 알코올로 번역된 것이다. 고급 알코올이 에스테
르 반응을 통해 만들어지는 아밀 알코올 아세테이트는 바나나 향이
나고, 페닐에틸 알코올 아세테이트는 장미꽃 향이 난다.

와인의 향기는 포도 향에 발효 향이 섞여 있는 셈이다. 여기에 숙
성 향까지 더해진다. 이런 향 분자들이 복합적으로 작용해 감각적
으로 느낄 수 있는 와인 향을 만든다. 이렇게 만들어지는 와인의 향
기는 복잡할 수밖에 없다.

소믈리에들은 블랙베리나 블랙커런트처럼 우리 주변에 없는 열
매 이름을 사용해서 와인의 향을 설명한다. 심지어 세다 나무로 만
든 시가 박스의 향이나 비에 젖은 가죽 냄새가 난다고도 한다. 블랙
베리나 블랙커런트를 먹어 본 적이 없는 우리는 이해하기 어려운
표현이다. 감각적으로 느끼는 와인의 향이 잘 설명된 와인 교과서
나 인터넷 사이트도 있다[3]. 그러나 여전히 이해하기 어렵다. 기후,
식생, 문화가 달라서 향기도 다르고 표현 방식도 당연히 다르다. 감
각적인 표현에 맞는 향기 분자가 일대일로 대응되는 것도 아니다.
여러 종류의 향이 복합적으로 작용하기 때문이다. 그러나 와인의
향기는 포도 향, 발효 향, 숙성 향이 어우러진 합주곡이다. 눈을 감
고 집중하면 악기 소리가 조금씩 구별되듯 와인도 마찬가지다. 와
인을 즐기다 보면 서양식으로 표현할 수 없어도, 포도의 아로마와
고급 알코올의 향을 구분해서 느낄 수 있다. 숙성 향도 마찬가지다.

수천 년에 걸친 제조법

포도는 저절로 발효되어 와인이 되지만, 그렇다고 내버려 둔다고 저절로 맛있는 와인이 되는 것은 아니다. 맛있는 와인을 제조하는 방법은 지난 수천 년 동안 발전해 왔다. 더 맛있는 와인을 만드는 기술은 지금도 개발되고 있고, 앞으로도 계속될 것이다. 최초로 포도가 재배된 조지아의 와인 제조법은 단순했다. 포도를 으깨어 독에 넣고 그냥 오래 묻어 두는 방식으로 와인을 만들었다. 그러나 현대의 레드 와인 제조 과정은 발효 전후 그리고 도중에 포도 껍질과 포도즙을 일정 시간 함께 담가 색깔, 향기, 맛을 추출해 내는 과정인 마세라시옹Macération, 발효, 후발효, 숙성, 파이닝(걸러 내기)의 5단계로 나뉜다. 다른 술에 사용하지 않는 아황산을 첨가하고, 위스키처럼 오크통에서 숙성시킨다.

　포도를 으깬다고, 바로 적자색(붉은빛이 도는 자주색) 즙을 얻을 수 있는 것은 아니다. 푸른 포도 알갱이와 붉은 포도 껍질이 섞여 떠다닐 뿐이다. 시간이 지나면서 서서히 타닌과 안토시아니딘 색소가 녹아 나오고 점차 적자색의 포도즙으로 변한다. 바로 이 과정이 마세라시옹이다. 포도 껍질에서 색소가 먼저 우러나온다. 3일 정도 지나면, 와인의 맛을 최대한 끌어올릴 만큼의 타닌이 추출된다. 마세라시옹이 지나치면 포도씨에서 우러난 타닌 때문에 떫은맛이 두드러진다. 마치 커피를 지나치게 우려내면 이상한 맛이 나는 것과 같다. 하지만 마세라시옹 과정이 부족하면 색소와 타닌이 적다. 분홍

색 로제 와인은 마세라시옹을 서너 시간 동안 짧게 처리하고 압착한 포도즙으로 만든다. 마세라시옹은 타닌 와인을 만드는 첫 번째 공정이다. 와인의 색과 타닌은 이 마세라시옹에서 결정된다.

마세라시옹도 다양하게 발전했다. 고온이나 저온에서 혹은 장기간 마세라시옹을 하기도 한다. 포도 껍질의 펙틴을 분해하는 효소를 첨가하거나 동결과 해동을 반복하는 방법도 있다. 마세라시옹에 따라 타닌과 색소의 비율이 달라지기 때문이다. 결과적으로 와인의 맛도 달라진다. 포도를 으깨지 않고 탄산 가스를 첨가하는 카보닉 마세라시옹은 타닌은 적게, 색소는 많이 추출하는 방법이다. 이산화 탄소 때문에 공기가 통하지 않아 바로 알코올 발효가 시작된다. 발효로 만들어진 알코올은 포도 껍질에서 안토시아니딘을 주로 우려낸다. 색소는 많고 타닌은 적은 보졸레 누보Beaujolais Nouveau 같은 와인을 만드는 방법이다.

과거에는 발효와 마세라시옹이 대부분 동시에 진행되었다. 따로 구분하지도 않았다. 최근에는 냉각 기술의 사용으로 저온 마세라시옹이 먼저 시작되고, 며칠 후 배양된 효모를 첨가하면 발효가 시작되는 2단계로 발전하게 되었다. 이 경우, 타닌과 색소가 충분히 추출되기 때문에 저온 발효가 유리하다. 포도즙과 껍질을 분리하지 않으면 알코올 발효 동안에도 마세라시옹은 계속된다. 발효 탄산 가스 때문에 포도 껍질이 떠올라 모자처럼 캡Cap을 형성한다. 그러면 막대기나 기계장치로 캡을 다시 포도즙에 잠기게 한다. 방송에 가끔 등장하는, 포도 껍질을 발로 밟는 장면이 이러한 이유 때문이다.

와인을 익히는 온도

프랑스를 대표하는 보르도와 부르고뉴 와인은 포도 품종도 서로 다르고 발효하는 방법도 다르다. 당연히 맛도 다르다. 보르도를 대표하는 카베르네 소비뇽과 메를로는 타닌이 많은 품종으로, 보르도 지롱드강 양쪽 유역에서 같이 재배되는 포도다. 토질이 다른 이유도 있지만, 메를로 수확 시기가 카베르네 소비뇽보다 빠른 이유도 있다. 골고루 재배하면 노동력이나 시설을 효율적으로 사용할 수 있기 때문이다. 수확 후 마세라시옹과 발효가 동시에 진행된다. 메를로가 카베르네 소비뇽보다 타닌이 적은 것도 장점이다. 메를로만 사용하는 보르도 와인도 있지만, 대부분 카베르네 소비뇽과 섞어 균형 잡힌 최상의 맛을 내도록 배합해 사용한다.

반면 부르고뉴의 피노 누아는 타닌이 적다. 피노 누아 와인은 가볍지만 산뜻하고 오묘한 맛을 낸다. 카베르네 소비뇽보다 훨씬 낮은 바디감을 가진다. 비유하자면, 카베르네 소비뇽은 카페오레나 카푸치노처럼 짙고 깊은 맛을 내고, 피노 누아는 블랙커피처럼 투명하고 신선한 맛을 느끼게 한다. 고급 원두의 섬세한 향미는 블랙커피에서 더욱 잘 드러난다. 피노 누아 와인도 타닌의 무게감이 적어 포도의 날카로운 신맛과 심오한 향이 여과 없이 드러난다. 테루아의 특성이 그대로 와인 맛에 투영된다. 부르고뉴 지역에서는 저온 장기 마세라시옹을 주로 사용한다. 더치 커피처럼 천천히 피노 누아의 얇은 껍질에서 색소와 타닌을 충분히 우려내는 것이다. 마세라시옹이 며칠 진행된 이후에 효모를 첨가하면 드디어 발효가 시작된다.

 과거에는 발효 온도를 측정할 수 없었고, 조절은 불가능한 일이었다. 기온이 낮은 부르고뉴에서 재배되는 피노 누아와 샤도네이의 수확철은 8월 중순부터 시작된다. 가을이 깊어가면 와인도 익어 간다. 통에 담은 포도는 발효되고, 효모는 발효열을 낸다. 발효통의 온도는 주변 온도보다 높아져 가끔 식혀 주어야 한다. 겨울이 오면 발효된 와인은 오크통에 담아 숙성시키는데, 알코올 때문에 기온이 영하로 떨어져도 얼지 않는다. 보르도의 메를로는 9월부터, 카베르네 소비뇽은 10월이 되면 수확한다. 보르도의 온화한 기후 덕분에 늦가을부터 겨울까지도 와인 발효가 가능하다. 재배부터 발효까지 기후 조건에 적합한 포도 품종이 선택된 결과다.

 발효 온도를 조절할 수 있게 되면서 레드 와인은 주로 20~30도 사이에서, 화이트 와인은 16도 이하에서 발효시킨다. 레드 와인의 발효 온도가 30도에 가까워지면 타닌과 색소가 많이 추출된다. 반면 포도의 아로마는 사라진다. 효모의 발효열 때문에 발효 온도는 주변보다 높아진다. 발효통이 크고 발효가 정점에 도달하면 내부 발열로 외부 온도보다 높아지는 품온(와인 자체의 온도)은 30도 이상으로 과열된다. 발효액 온도가 30도 이상 올라가면 익는 냄새가 날 수 있다. 와인 발효에서 지나친 온도 상승을 반드시 막아야 한다. 정밀하게 온도를 조절하지 않더라도 냉각 장치가 필요한 이유다. 화이트 와인도 저온 발효가 좋다. 두 달간 천천히 낮은 온도에서 발효하면 아로마 보존에 좋고, 타닌이나 색소를 추출할 필요도 없다.

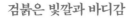 검붉은 빛깔과 바디감

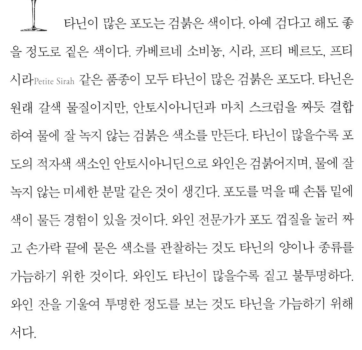 타닌이 많은 포도는 검붉은 색이다. 아예 검다고 해도 좋을 정도로 짙은 색이다. 카베르네 소비뇽, 시라, 프티 베르도, 프티 시라Petite Sirah 같은 품종이 모두 타닌이 많은 검붉은 포도다. 타닌은 원래 갈색 물질이지만, 안토시아니딘과 마치 스크럼을 짜듯 결합하여 물에 잘 녹지 않는 검붉은 색소를 만든다. 타닌이 많을수록 포도의 적자색 색소인 안토시아니딘으로 와인은 검붉어지며, 물에 잘 녹지 않는 미세한 분말 같은 것이 생긴다. 포도를 먹을 때 손톱 밑에 색이 물든 경험이 있을 것이다. 와인 전문가가 포도 껍질을 눌러 짜고 손가락 끝에 묻은 색소를 관찰하는 것도 타닌의 양이나 종류를 가늠하기 위한 것이다. 와인도 타닌이 많을수록 짙고 불투명하다. 와인 잔을 기울여 투명한 정도를 보는 것도 타닌을 가늠하기 위해서다.

타닌이 많은 와인을 소믈리에의 언어로 '풀 바디full body'라고 한다. 반대로 타닌이 적은 와인은 투명하고 가벼운 바디감을 가졌다고 말한다. 바디감은 타닌이 맛 세포에 달라붙는 성질 때문에 생긴다. 감각적으로 그렇게 느끼고, 언어로는 바디감이라고 표현한다. 물론, 타닌이 바디감의 모든 감각을 결정하는 것은 아니다. 알코올이나 당분도 타닌이 맛 세포에 달라붙는 것을 방해하기 때문에 바디감에 영향을 미치는 원인이다. 그렇지만 여러 성분이 복합적으로 작용하더라도 타닌이 바디감을 주는 가장 큰 요소다.

    와인 잔을 기울여 테두리를 살펴보면, 붉은색이 드러나는 것을
확인할 수 있다. 붉은색보다 적자색이 더 적확한 표현이다. 적자색
은 포도 껍질의 안토시아니딘의 색이다. 포도뿐만 아니라 블랙베리
나 아사이베리 같은 짙은 색 과일에 존재하는 색소다. 색깔이 조금
씩 다른 이유는 안토시아니딘의 종류도 조금씩 다르고, 과육의 산
성도나 다른 성분의 영향을 받기 때문이다.

    포도는 익어 가면서 적자색을 띠게 되는데, 녹색이 우거진 숲에
서 씨를 퍼트려 줄 동물의 눈에 띄기 위해서다. 덜 익은 포도는 맛
이 없고, 연두색이다. 씨앗이 여물어 퍼질 준비가 되면, 안토시아니
딘 색소가 포도 껍질에 축적되고 과육의 맛이 좋아진다. 씨가 충분
히 익어 동물이나 새에 의해 퍼질 때가 다가온 것이다. 그러나 이때
불청객이 나타나 포도를 대규모로 재배하고, 와인으로 만들어 버린
다. 이것을 이기적 유전자의 오작동으로 해석할 수 있을까? 어찌 되
었든, 유전자를 퍼트렸으니 포도의 번식 전략은 성공한 셈이다.

    적자색 안토시아니딘은 포도를 먹을 때 손끝을 물들이지만, 손을
씻으면 바로 사라지는 수채화 물감 같은 색소다. 안토시아니딘의
종류에 따라 타우니(황갈색), 루비, 가넷, 버건디(진한 자주색), 마룬
(적갈색)까지 적자색도 종류가 무척 다양하다. 이렇게 다채로운 색
깔이 있는 이유는 적자색은 붉은색과 보라색의 혼합색이기 때문이
다. 빛의 과학으로 한 걸음 들어가 보면 이렇다. 안토시아니딘은 노
란색에서 파란색까지 흡수한다. 무지개 색의 가운데 있는 노란색에
서 파란색이 없어지면 양쪽 끝의 빨간색, 주황색, 남색, 보라색이 남

는다. 포도 알에 비치는 태양광에서 흡수되는 색을 뺀 나머지 색의 합이 우리 눈에 보이는 적자색이다. 안토시아니딘의 종류에 따라 주황색을 조금 더 흡수하면 자색이 두드러진 버건디나 마룬 색을 낸다. 여러 안토시아니딘이 섞여 중간색을 넓게 흡수하면 빨간색과 보라색만 반사되어 단색에 가까운 적자색이 된다. 청색을 많이 흡수하는 안토시아니딘이 많은 포도 품종의 색은 그냥 빨간색에 가깝다. 주황색과 남색이 두드러지면 색다른 느낌을 주는 적자색이 된다. 빨간색과 주황색의 혼합 색과 남색과 보라색의 혼합 색이 섞여 2차원적 색의 스펙트럼을 만든다.

　와인의 적자색은 단조로운 색이 아니다. 빨간색과 자색의 비율에 따라 깊이 있는 색의 파노라마를 만든다. 여기에 타닌의 짙은 색조가 더해지면 3차원의 깊이 있는 적자색이 완성된다. 와인의 빛깔은 안토시아니딘과 타닌의 조화로 깊은 색채의 스펙트럼을 가진다. 와인을 맛보기 전에 먼저 눈으로 감상해야 할 이유가 바로 여기에 있다.

오래 두어 좋아지는 것

숙성은 발효처럼 혼란스럽게 쓰이는 말이다. 오래 두면 좋아지는 것을 숙성이라고 생각하기 쉽다. 사실 그냥 두면 안 좋아지는 것이 대부분인데 예외적으로 좋아지니, 익혀서 완성된다는 뜻의 숙성熟成이라는 이름을 붙인 건 아닐까. 오래 두어 좋아지는 것을 통틀어 숙성이라고 일컫지만, 실은 숙성의 종류는 다양하다. 이를테면, 국수를 만들 때 밀가루 반죽을 여러 번 치댄 후 숙성시킨다. 이때 숙성은 글루텐이 형성되어 탄성을 가지게 되고 펴짐성(전성)이 좋아지는 과정을 말한다. 밀가루의 단백질 분자가 서로 연결되어 반죽의 물성이 달라지는 물리적인 변화다. 같은 밀가루 반죽이라도 빵을 만들 때는 팽창시키는 과정이 추가된다. 밀가루 반죽에 있는 미량의 당분을 먹고 효모가 자라면서 탄산 가스를 내뱉는 과정이다. 빵 반죽의 숙성은 미생물의 작용까지 포함한다.

생치즈는 우유 단백질을 굳힌 것이지만, 숙성시키면 미생물이 자라면서 치즈 특유의 풍미를 만든다. 미생물이 관여하기에 발효라고 할 수도 있겠지만, 본래 치즈 단백질이 가지고 있는 성질을 바꾸지는 않는다. 미생물은 천천히 자라면서 치즈의 맛과 향을 좋게 만든다. 그래도 우리는 관습적으로 숙성이라고 부른다.

생선이나 스테이크를 저장해서 풍미를 끌어올리는 것도 숙성이라고 부른다. 일식에서는 하루 정도 저온 '숙성'된 선어를 사용한다. 그러면 활어보다 감칠맛이 좋고 부드러운 소식감을 가진 회를 즐길 수 있다. 요즘은 드라이에이징(건식 숙성) 스테이크가 대세다. 생선이나 고기의 숙성은 세포의 자기 소화 작용이다. 세포 내 리소좀 효소가 나와서 근섬유를 분해해 부드러워지고, 아미노산이 생성되어 향미가 좋아진다. 선어나 스테이크의 숙성은 효소가 단백질을 분해해 풍미가 증진되는 효소 숙성이다. 미생물이 작용하는 발효와는 확실히 다르다. 오래된 간장의 숙성은 더욱 복잡한데, 염도가 높아 미생물이 자라기 어려운 환경이기 때문이다. 효소와 화학 반응이 복합적으로 작용해 서서히 간장의 맛에 깊이를 더한다. 모두 숙성이라 부르지만, 알고 보면 물리 화학적인 변화부터 효소와 미생물의 작용까지 실로 다양하다.

숙성을 거치지 않는 술은 거의 없다. 와인은 오크통에서 몇 달 그리고 오랫동안 병에서 숙성 과정을 거친다. 위스키는 오크통에서 최소한 3년 이상 숙성시킨다. 오크통에서 30년 숙성의 세월을 보내는 위스키도 있지 않은가? 오크통은 처음에는 그저 액체를 보관하는 목적으로 사용되었지만, 점점 술맛을 좋게 한다는 사실이 밝혀졌다. 위스키 맛은 오크통 숙성 기간이 결정적이다. 병에 담긴 위스키는 오랫동안 변하지 않을 뿐, 숙성되는 것은 아니다. 따라서 맛에도 변화가 없다.

오크통에 대한 과학적 해석

발효된 와인은 오크통에 넣어 숙성시킨다. 오크통은 원래 와인 저장 용도로 사용되었다. 그러나 짧게는 6개월, 길게는 2년 정도 저장하면 와인의 맛이 한결 부드러워지고 향이 좋아진다. 사실 갓 발효를 마친 와인은 맛이 없다. 독한 신맛이 나기 때문이다. 알코올을 발효하는 동안 효모가 당분을 먹어 버려 단맛은 사라지고, 신맛이 두드러지기 때문이다. 사람들은 경험적으로 와인을 오크통에서 오래 보관할수록 맛이 좋아진다는 것을 알고 있었다. 고약한 신맛은 줄어들고 부드러운 신맛을 가지는 와인으로 바뀌기 때문이다. 이것이 와인의 후발효 과정이다. 숙성이라고 부르지 않고 후발효라고 하는 이유는 미생물이 관여하기 때문이다. 오크통에서 말로락틱 미생물이 자라면서 능금산을 모두 젖산으로 바꾸는데, 이렇게 되면 젖산이 만든 부드러운 신맛의 와인으로 재탄생한다.

와인을 오크통에 보관하면 맛이 좋아진다는 사실은 예부터 알고 있었지만, 말로락틱 미생물이 자라고 젖산이 생성되는 속사정은 1930년대에야 비로소 밝혀졌다. 과거에는 오크통의 신비한 능력쯤으로 생각했던 것 같다. 오크통이 클수록 좋다고 여겨 '몬스터 배럴'이라는 거대한 오크통도 등장했다. 독일 하이델베르크성의 지하에는 삼층집 높이의 몬스터 배럴이 관광객을 끌어모으고 있다. 과거 귀족이 과시하기 위한 목적도 있었겠지만, 실제로 큰 목통을 사용하면 포도주가 천천히 숙성되고 오래 보관할 수 있기 때문이다.

과학적으로 설명을 덧붙이면 이렇다. 알코올 농도가 10퍼센트를 넘어가는 환경에서 살 수 있는 미생물은 많지 않다. 그중에 말로락틱 미생물은 오크 나무를 통해서 전해지는 미량의 공기로 호흡하며 서서히 자라는데, 이때 산소가 너무 많이 공급되면 초산균이 자라 술이 시어 버린다. 그래서 후발효는 오크통에서 나무로 스며드는 소량의 공기에 의존해 숙성과 동시에 진행된다. 산소는 오크통의 재료인 나무를 통과해서 서서히 침투하는데, 이때 산소의 양은 오크통의 표면에 비례한다. 그런데 같은 양의 술을 여러 개의 오크통에 나누어 보관하는 것보다 큰 통 하나에 보관할 때 스며드는 산소가 더 적다. 같은 양의 술을 기준으로 생각해 보면, 큰 오크통에서 후발효가 오래 지속되면 초산균이 자랄 수 있는 확률이 낮아진다.

　와인 병을 사용하기 전이나 냉장 시설이 없던 과거에 후발효를 관리하던 방법이다. 요즘은 스테인리스 스틸 발효조를 사용하고, 발효를 마친 와인에 산소를 제한적으로 미량 공급해서 후발효를 정밀하게 제어한다. 말로락틱 박테리아도 따로 배양해서 첨가한다. 오크통에서 보관하는 숙성 기간을 제한하고 맑게 걸러 병에서 오래 숙성시킨다. 오크통 후발효를 항상 거쳐야 하는 것도 아니다. 잔존 당이 많은 화이트 와인은 오크통 숙성을 생략한다. 이 경우, 잔존 당에 상응하는 유기산이 있어야 균형이 맞는다. 오크 향이 지나치면 와인의 다른 향미가 사라지기 때문이다.

형언할 수 없는 맛의 영역

와인은 오크통에서 한 차례, 병에 담아서 다시 한 차례 숙성시킨다. 목존 숙성과 병 숙성, 이렇게 두 번의 숙성을 거친다. 오크통을 사용하는 위스키 숙성과 비슷하게 보이지만 엄연히 다르다. 사용하는 오크통도 다르다. 위스키는 속을 태운 오크통을 사용하고, 담겨 있는 기간만 숙성시킨다. 병에 담긴 위스키는 오래 두어도 더 숙성되지 않는다. 그냥 오래 보관되는 것뿐이다. 와인의 목존 숙성은 길어도 3년을 넘지 않는다. 보통 6개월에서 1년 반 정도다. 와인을 오크통에서 오래 숙성시키면 결국 초산균이 자라기 때문이다. 이렇게 되면 시큼한 맛이 나는 상한 와인이 되어 버린다. 목존 숙성이 지나치면 오크 향이 압도하거나 색이 바랠 수 있다. 초산균이 자라지 않더라도, 오크 향이 지나치게 강하면 좋은 술이라고 할 수 없다. 와인의 아로마가 묻혀 버리면 곤란하다. 목존 숙성 기간이 짧은 것은 이러한 이유다.

　오크통에서 와인의 후발효와 동시에 숙성도 진행된다. 후발효는 미생물의 작용이지만, 숙성은 화학적 변화다. 포도에서 유래한 타닌이 서서히 분해되거나 혹은 다른 물질과 결합해 다양한 향을 만든다. 오크통으로 미세하게 공급되는 산소와 결합해 깊이 있는 미세한 향미를 새로 만드는데, 오크통의 목향이나 타닌도 우러나와 와인의 맛의 깊이를 더한다. 오크통 숙성이 와인의 가격대를 결정하는 중요한 이유인 셈이다. 프랑스 오크통은 미국 오크통보다 2배 이상 비싸고, 매번 새 통을 사용하면 와인 단가에 상당한 영향을 미친다. 따라서 프랑스 오크 나무로 만든 새 통에서 1년 이상 숙성시키면 생산 단가가 더 올라간다. 와인 라벨에는 목존 숙성 기간에 대한 표시가 없다. 프랑스 공인 품질 등급의 하나인 아펠라시옹Appellation에 규정되어 있거나, 제조자에게 따로 문의해야 한다. 스페인 와인은 목존 숙성 기간에 따라 리제르바 혹은 그랑 리제르바라고 표기된다.

　와인의 신맛이 좋아지는 이유도 말로락틱 미생물 때문이다. 과거에는 몰랐던 사실이라 고집스럽게 오크통만을 고집했지만, 스테인리스 스틸로 만든 위생적인 장치에서 후발효시키는 방법도 사용한다. 계산된 만큼 오크 칩을 넣거나, 오크통에서 오크 향을 침출시켜도 좋다. 효모의 휴젤 향부터 포도의 아로마 그리고 오크 향까지 잘 어우러져야 와인을 쉽게 만들 수 있기 때문이다. 단맛과 신맛이 균형을 이루고 타닌이 적당한, 구조가 좋은 와인에 휴젤 향, 포도 아로마, 오크 향이 더 잘 어울린다.

구조가 좋은 와인은 오래 숙성시킬수록 맛과 향이 좋아진다. 타닌이 적은 와인은 구조가 취약한 것과 마찬가지다. 구조가 취약하면 병 숙성을 시킨다고 맛이 좋아지기 어렵다. 숙성 잠재 능력이 있는 와인은 신맛이 강하고, 당분이 남아 있으며, 포도 껍질에서 유래한 타닌이 많은 경우다. 이른바 구조가 좋은 와인이다. 포도의 품종에 따라 수십 년까지도 숙성시킬 수 있다. 타닌이 서서히 분해되어 휴젤 향, 포도의 아로마, 오크 향과 상승 작용으로 형언할 수 없는 맛을 낸다. 화학적으로 범접할 수 없는 감각의 영역으로, 마시는 와인이 아니라 오래 두고 수집하는 와인의 단계로 넘어간다.

인정사정없는
맥주의
비즈니스

세상에서 가장 오래된 술

현존하는 기록에 따르면 가장 오래된 술은 맥주다. 최초의 기록은 터키 동부 고원에서 시작해서 시리아와 이라크를 지나 페르시아만으로 흐르는 유프라테스강 유역에서 발견되었다. 티그리스강과 함께 메소포타미아 문명의 발상지다. 사람들이 모여 맥주를 마시는 모습이 그려진 기원전 4,000년경의 점토판에서 쐐기 문자로 기록된 고대 맥주의 원료와 맥주 배급표가 발견되었다. 기원전 1,800년의 점토판에는 고대 수메르 술의 여신 닌카시를 찬양하는 노래도 남아 있다.

그러나 아이러니하게도 고대 맥주의 발상지인 중동 지역에는 술이 금지된 국가가 많다. 이라크에서는 사담 후세인 시절까지 무슬림이 아니라면 술을 판매할 수 있었으나, 2016년 10월 이후 술의 제조 및 판매가 모두 금지되었다. 비록 본고장에서 배척받지만, 맥주는 세계적으로 가장 많이 생산되고 가장 많은 사람이 마시는 세계인의 술이다.

수메르 맥주는 걸러 내지 않아 막걸리와 비슷한 탁한 술이었다. 효모는 걸러 내지 않았고, 발효되지 않은 탄수화물도 남아 칼로리도 높았을 것이다. 효모가 만든 비타민도 남아 있는 일종의 술 음료였다. 기록에 따르면 이집트의 맥주는 피라미드 노동자에게 매일 4~5리터씩 배급되었다. 그래서 맥주가 없었다면 피라미드도 없었을 거라는 주장도 있다.

이집트 맥주는 항생제 역할도 했다. 이집트 남부에서 발견된 당시의 유골을 조사하는 과정에서 테트라사이클린의 흔적이 발견되어 의문을 자아냈다. 지금도 많이 사용하는 항생제인 테트라사이클린은 장기간 복용하면 치아가 누렇게 변하는 부작용이 있다. 발굴된 유골에서도 테트라사이클린에 의해 특이한 문양으로 변색된 치아가 확인되었다. 이후 최신 화학 분석 기술을 이용해, 발굴된 유골에서도 테트라사이클린이 남아 있다는 사실을 미국 에모리대학교 연구팀이 확인했다[1].

테트라사이클린은 20세기에 발견된 항생제인데, 기원전 이집트 사람들에게서 발견되었다는 점은 불가사의하다. 합리적인 설명을 하자면, 고대 맥주를 담그는 과정에서 테트라사이클린을 만드는 토양 미생물이 같이 자라 항생제 맥주가 만들어진 것이다. 지금은 이런 미생물을 분리해 공업적으로 배양한 다음, 테트라사이클린을 만들어 의약품으로 사용한다.

로마 제국에서 맥주는 환영받지 못했다. 유럽 북쪽에서 마시는 이상한 보리 음료라는 취급을 받았던 것이다. 그러나 중세부터는 수도원에서 맥주를 만들었다. 웬만한 수제 맥주 규모 이상으로 생산했다. 자급자족하고 남는 것은 주변에 베풀라는 성 베네딕트의 수도원 규칙이 생겼고 몇 세기가 지나서 맥주를 만드는 수도원은 600개까지 늘어났다. 중세 수도원이 막대한 토지와 재산을 소유했기에 가능했던 일이다. 글을 읽고 기록을 남기는 수도사들 덕분에 맥주 제조 기술이 크게 발전하면서, 탁한 술에서 맑은 술로 변했다.

　수도원에서는 교회 의식에 필요한 와인을 만들었지만, 포도 재배가 불가능한 북유럽이나 북동부 지역 수도원에서는 맥주를 만들어 성찬식에도 사용했다. 와인과 비슷하게 알코올 농도도 높고, 오크통에서 오래 숙성시킨 짙은 색깔의 맥주를 만들었다. 벨기에의 수도원 맥주 중에는 알코올 농도가 와인만큼 높고 오크통에서 오래 숙성시키는 맥주가 아직 남아 있다. 이는 시간이 지나면서 수도사나 순례자들이 일상적으로 마시는 중세 맥주로 발전했다. 독일어로 '순례자의 여관'으로 번역되는 클로스터쉔케Klosterschenke은 누구에게나 무료로 맥주를 나누어 주는 곳이었다. 독일 전 지역에서 맥주를 만드는 수도원은 100개가 넘었고, 맥주 인심도 후했다.

　중세 맥주는 질병 예방에도 한몫했다. 과거 유럽은 장티푸스와 같은 수인성 전염병이 끊이지를 않았다. 그렇기에 끓여서 만드는 맥주는 물보다 안전한 음료수였다. 벨기에 성 베드로 수도원의 성 아놀드 수도사는 주변 사람들에게 비위생적인 물 대신 맥주를 마시게 했다. 유럽에 전염병이 유행하던 11세기경, 수도원 주변의 사람들은 역병을 견뎌 냈다.

매년 9월 초에 벨기에의 수도 브뤼셀에서 맥주 축제가 열린다. 성 아놀드 수도사를 기리기 위해 맥주 성찬식도 진행되는데, 아무래도 독일의 10월 맥주 축제와 경쟁하는 듯한 느낌을 지울 수 없다. 미국 텍사스에는 그의 이름을 딴 성 아놀드 양조장도 있다. 그만큼 맥주의 역사에서 빼놓을 수 없는 중요한 인물이다.

프랑스 혁명 후 해체된 수도원의 양조 기술자들이 벨기에로 이주했다. 수도원 간판을 내걸었지만 맥주 양조가 본업인 사이비 수도원도 생겼다. 이즈음 프랑스어를 사용하는 벨기에의 윌로니아 동네 맥주가 페일 라거인 세종Saison 맥주로 발전한다. 벨기에 맥주 문화가 유네스코의 세계 문화 유산으로 지정될 수 있었던 시작점이다. 두 차례의 세계 대전을 거치면서 독일의 수도원 맥주도 대부분 사라졌다. 아직 남아 있는 가장 유명한 시메이Chimay는 벨기에 남부 시메이의 스코르몽 수도원 양조장에서 제조되는 수도원 맥주다. 수도원 맥주 중 2위의 생산 규모지만, 150년 전부터 외부 판매를 시작해 유명해졌다. 지금은 현대식 시설에서 대량 생산되어 우리나라까지 수출된다. 수도원 맥주답게 판매 수익은 수도원과 종교 시설에 쓰인다.

고대 맥주의 원조, 에일

유럽의 맥주는 원래 모두 에일이다. 에일은 고대의 맥주가 진화해서 발전한 것이라, 맥주의 본래 모습에 가장 가깝다고 할 수 있다. 반면에 라거는 에일 이후에 생겨났다. 에일은 흔히 상면 발효 맥주라고 부른다. 발효가 끝나면 효모가 맥주의 표면으로 떠오르기 때문에 붙여진 이름이다. 반대로 라거는 하면 발효 맥주다. 발효를 마치면 효모가 바닥으로 가라앉기 때문에 붙은 이름이다. 상면 발효 효모는 왜 떠오르는 것일까? 라거 효모는 왜 가라앉을까? 뭉치면 살고 흩어지면 죽는다는 효모의 생존 전략 때문이다.

효모의 생존 방식은 단순하다. 영양분이 있으면 계속 자란다. 배가 부르다고 멈추는 일이 없다. 효모가 자란다는 것은 몸집이 커지는 게 아니라, 숫자가 늘어나는 것이다. 성장이 아니라 증식이다. 식물에서 싹이 나듯이, 효모에서 새끼 효모가 출아해 커지고 분리되어 새 효모가 계속 만들어지면서 숫자를 늘려 간다.

그러나 영양물질을 모두 먹어 치우면 상황은 달라진다. 먹이가 없으니 자랄 수 없다. 뭔가 대책을 세워야 한다. 이러한 상황이 되면 효모 세포의 표면에 응집 단백질 플록쿨린flocculin이 만들어진다. 갈고리처럼 생긴 플록쿨린은 세포벽 바깥으로 이동한다. 영양분이 고갈된 상태에서 효모의 표면은 갈고리처럼 생긴 플록쿨린으로 덮인다. 갈고리가 서로 연결되듯이 플록쿨린도 칼슘 이온을 매개체로 다른 효모의 플록쿨린과 연결된다. 결국, 효모끼리 뭉치고 한꺼번에 가라앉는다.

이때 효모 포자도 같이 만들어진다. 효모가 자라는 데 필요한 효소나 단백질은 퇴화하고 대사 활동을 극도로 줄이면서, 생존 유지가 목적인 포자로 변신한다. 그리고 몸집을 가볍게 만들어 물 위쪽으로 떠오른다. 포자는 자라지 않고 최소한의 생명 활동을 하며 다시 영양분이 많아질 날을 기다린다. 영양분이 풍부해지면 성별이 다른 포자끼리 만나서 접합체를 만들고 효모로 다시 태어나기 때문이다. 포자는 액체의 표면에 떠올라 기다리는 편이 유리하다. 그냥 액체 속에서 기다리는 것보다, 액체의 표면으로 모일수록 포자가 서로 만날 확률이 높아서다. 효모는 뭉치면 살고 흩어지면 죽는다는 생존 전략에 충실하다.

발효를 마친 에일 거품에는 효모와 효모 포자로 가득하다. 에일 표면에 마치 꽃처럼 핀 거품을 크라우젠Krausen이라고 하는데, 바로 여기서 효모와 효모 포자가 다시 번식할 날을 기다린다. 상면 발효가 이러한 역할을 한다니 흥미롭다. 효모가 탄산 가스를 만들어 스스로 떠올라 분리되기 때문에 사람들은 아랫부분에서 맑은 에일을 쉽게 걸러 낼 수 있다. 에일의 거품층은 공기 통과를 어렵게 하고, 초산균의 성장도 막는다. 수메르인이나 고대인이 맥주를 마실 때 빨대를 사용하는 이유 역시 상면 발효 맥주였기 때문이다. 현재 우리가 마시는 생맥주 역시 상면 발효의 유산이다. 캐스크라고 부르는 작은 오크통에 한 번 거른 에일을 넣고 당분을 첨가하여 2차 발효를 시킨다. 에일 효모도 탄산 가스를 만들지 않으면 침전하는데, 하단에 탭이라고 부르는 나무로 만든 밸브를 박아 넣어 맑은 에일을 마셨다. 이후 탄산 가스로 압력을 가하고 하단까지 튜브를 집어넣어 압력을 이용해 테이블 위에서 생맥주를 따르는 장치가 1785

년 영국에서 처음 발명되었다.

라거는 발효를 마치면 효모가 바닥에 가라앉는 하면 발효 맥주다. 뭉치면 살고 흩어지면 죽는다는 생존 전략은 같은데, 포자가 가라앉아 서로 뭉친다. 하면 발효도 라거의 특징이지만, 발효 후 저온 숙성이 더욱 중요하다. 라거는 저장소 혹은 저장한다는 뜻으로, 저장하면서 저온 숙성시킨 맥주를 라거라고 부르게 된 어원이다*. 상면 발효 효모를 사용하지만, 저온 숙성시키기 때문에 라거라고 분류되는 맥주도 있다. 독일 북부 도시 쾰른의 쾰슈나 뒤셀도르프가 고향인 알트비어기 그렇다. 저온 숙성하는 동안 강한 향은 사라지고 몰트 향과 홉 향이 올라온다. 그렇게 에일에서 경험하지 못했던 깔끔한 느낌을 주는 맥주가 만들어진다. 저온 발효를 반복하는 동안 자연스럽게 하면 발효 효모도 생겼다. 그래서 라거는 기온이 낮은 독일 북부 지역에서 에일을 저온 보관하다 만들어진 술에서 변형된 것으로 추정된다.

하면 발효 효모는 에일보다 낮은 온도에서 발효된다. 냉장고가 발명되기 전에는 주로 북유럽같이 기온이 낮은 지역 혹은 겨울에만 생산할 수 있었다. 현재는 냉동 기술의 발달로 사시사철 어디서나 라거를 만들 수 있게 되었다.

---

* 라거는 독일어로 창고나 재고를 의미한다. 라거비어Lagerbier는 저장용 맥주였으나, 이제는 저온 숙성을 거쳐 만드는 맥주의 한 종류가 되었다.

맥주 비즈니스의 세계 정복

맥주의 세계 정복은 버드와이저로 유명한 미국 기업 앤호이저 부시Anheuser-Busch로부터 시작되었다. 그 배경에는 1920~1933년까지 계속된 미국의 금주령이 있다. 금주령 기간 대부분 맥주 회사가 문을 닫았다. 앤호이저 부시는 무알코올 맥주를 개발하고, 아이스크림을 제조해서 기존에 투자했던 맥주용 냉장차와 철도망을 통해 판매하면서 생존했다. 이후 금주령이 해제되자 무주공산의 맥주 시장을 평정하고 최고의 맥주 기업으로 성장했다. 원래 맥주 공장은 주변의 인구를 고려한 적정 규모가 대부분인데, 이런 고정관념을 깨고 미국 전역을 대상으로 사업을 확장했다. 대공황 이후 1940년부터 계속된 경제 부흥, 냉장고의 보급, 고속도로망의 확충으로 맥주 시장의 패러다임이 바뀐 것이다.

그렇다고 경쟁이 없었던 것은 아니다. 금주령이 풀린 직후 700개가 넘게 우후죽순으로 생겨난 군소 양조장은 규모의 경제라는 측면에서 태생부터 불리한 위치에 있었다. 앤호이저 부시가 거대 맥주 기업이 성장하면서 시장을 석권해나가면서 군소 양조장은 1980년에 90개까지 줄어들었다. 대량 생산과 때마침 형성된 유통망 때문에 맥주 산업도 대량 생산을 기반으로 한 규모의 경제가 승리한 것이다.

미국의 밀러나 쿠어스 맥주, 유럽의 하이네켄이나 칼스버그도 비슷한 과정을 통해 대규모 생산 시설을 갖추고 세계 맥주 시장에서 강자로 살아남았다. 계속되는 인수 합병으로 맥주 기업의 숫자는 적어지면서 규모는 커졌다. 앤호이저 부시는 앤호이저 부시 인베브ABInBev로 최대 맥주 기업이 되었다. 버드와이저, 코로나, 스텔라 아르투와를 포함하여 세계 유명 브랜드의 3분의 1을 소유하고 있는 거대 기업이다. 이후 2016년에는 2위인 사브밀러SABMiller와 합병했다. 중국 스노우 맥주의 지분도 49퍼센트 소유하게 되었다. 우리나라의 오비맥주도 소유하고 있다. 맥주 세계의 절반을 평정한 셈이다.

거대 맥주 기업의 등장은 필연적으로 기존의 맥주 산업을 위협한다. 맥주 종주국인 독일에서도 이미 많은 맥주 양조장이 사라지거나 거대 맥주 기업에 인수 합병되었다. 그러나 맥주의 종주국인 만큼 크고 작은 맥주 양조장이 아직도 1,300개가 넘을 정도로 건재하다. 독일의 인구가 8,000만 명인 것을 고려할 때 엄청나게 많은 숫자다. 독일 맥주 기업은 크기 면에서 외팅어, 크롬바커, 벡스, 파울라너 순서인데, 모두 연간 수백억 리터 규모로 맥주를 생산한다*. 우리나라의 연간 맥주 출고량 20억 리터와 비교하면 10~30배에 해당하는 엄청난 양이다. 여전히 정통 맥주의 강자다. 벨기에나 체코 같은 맥주 강국들도 비슷하다. 모두 거대 맥주 기업의 인수 합병 최대의 고려 대상들이다.

다행히도 아직 전통 맥주 기업이 많이 남아 있다. 벨기에에서

---

* 2015년 맥주 출고액 : 크롬바커 549억 리터, 외팅어 539억 리터, 벡스 256억 리터, 파울라너 230억 리터.

드래프트 맥주는 펍(맥줏집)에서 만들고 그 자리에서 마시는 맥주였다. 맥주가 대량 생산, 대량 유통되면서 캐스크는 작은 나무통인 케그로 대체되었다. 효모를 살균하거나 혹은 필터를 사용해 완전히 제거하는 방식으로 바뀌었지만, 여전히 이름은 생맥주다.

병맥주는 언제 어디서나 맥주를 마실 수 있는 자유를 주었다. 처음에는 와인처럼 코르크 마개를 사용했지만, 19세기 말 병뚜껑(크라운 캡)이 발명되었고 병 따는 소리가 음주 욕구를 자극했다. 수입 맥주 중에는 병따개가 필요 없이 돌려 따는 트위스트 캡 맥주병도 흔하다. 뒤이어 캔맥주가 등장했다. 국가별로 차이는 있지만, 대체로 2000년을 전후로 캔맥주 판매량이 병맥주를 추월했다.

맥주잔도 변신했다. 뚜껑 달린 머그잔은 유럽 관광지의 기념품으로 남아 있을 뿐이다. 이제는 모두 유리잔으로 바뀌었다. 맥주의 색이 옅어지면서 그 황금빛을 전시하기 위해서다. 유리잔의 디자인도 머그잔 모양에서 원통형이나 와인 글라스처럼 다양해졌다. 심지어는 장화 모양 맥주잔도 있지 않은가. 와인 잔은 좀처럼 변하지 않지만, 다양한 종류의 맥주잔은 변신을 거듭해온 맥주의 개방성을 드러내는 증거다. 변화에 빠르게 적응하는 맥주의 변신은 앞으로도 이어질 것이다.

국산 맥주에 대한 변론

수입 맥주와의 비교는 물론이고 북한산 대동강 맥주보다 국산 맥주가 맛없다는 평가가 한동안 언론과 인터넷을 도배했다. 국내 맥주 업체들은 소비자의 선호 때문이고, 수요만 있으면 언제라도 쓴맛이 강한 짙은 맥주를 시장에 공급할 수 있다고 해명했다. 국산 맥주는 맛이 없다기보다는 사실 맛이 약한 맥주다. 쓴맛과 몰트 향은 적지만 청량감이 장점인 페일 라거 계열의 맥주이기 때문이다. 그래서 소주와 맥주를 섞는 '소맥'용으로는 적당하다. 대신에 싱거운 맥주라는 핀잔을 듣는다.

그런데 글로벌 맥주 기업은 모두 이런 맥주를 만든다. 알코올 농도가 조금 낮고 남아 있는 당이 적은 맥주 말이다. 라이트라는 이름까지 붙여 엄청난 광고 공세를 뿌린다. 이런 맥주가 잘 팔리고 수익성이 좋기 때문이다. 미국의 맥주 판매는 버드 라이트, 쿠어스 라이트, 버드와이저, 밀러 라이트, 코로나 엑스트라 순서다. 대부분 라이트 맥주다. 그래서 미국 맥주가 맛없다는 기사는《워싱턴포스트》지에도 등장한다[2]. 인터넷에도 미국 맥주는 맛이 없다, 밋밋하다, 물 같다는 악평이 흔하다.

거대 맥주 기업의 비즈니스 전략은 팔리는 맥주 제품의 종류를 제한해서 수익을 극대화하는 것이다. 애초부터 맛있는 맥주를 만드는 것이 아니고, 시장에서 먹히는 제품을 만든다는 의미다. 많이 마실 수 있는 약한 맥주가 효자다. 광고의 힘으로 잘 팔리고, 수익성이 좋은 맥주를 만들어야 살아남기 때문이다. 라이트 맥주가 주력인 거대 맥주 기업을 중심으로 최근엔 다른 식품처럼 칼로리를 표시하려는 공격적인 마케팅도 준비 중이다. 우리나라 맥주가 맛없는 이유도 별반 다르지 않다. 맛있는 맥주보다 잘 팔리는 맥주에 집중한다. 우리나라는 광복 이후 조선맥주(현재의 하이트진로)와 동양맥주(현재의 오비맥주)로 출발해서 지금까지 맥주 시장을 독과점 상태로 유지해 왔다. 1975년 한독맥주가 설립되고 에일인 이젠벡 맥주가 생산되었지만 이내 사라졌다. 진로에서 출발한 카스도 오비에 인수되어 양대 맥주 체제가 계속 유지되었다. 2014년 롯데주류의 클라우드가 등장했지만, 생산량이 대세에 영향을 줄 정도는 아니다. 수입 맥주가 물밀 듯 몰려오지만, 직접 맥주를 수입하면 수익이 보전된다. 결국, 국내 시장은 양대 맥주 기업의 손바닥이다.

　독과점은 맥주의 품격을 타락시켰다. 맥주의 위상이 예전 같지 않다. 술 문화의 발전에도 인색했다. 한때 호프집처럼 맥주 중심의 저녁 문화를 선도하는 것을 포기한 지 오래다. 소주와 맥주를 섞어 마시는 소맥이 유행이다. 소맥보다 더 맛있는 술 개발에는 관심이 없고, 소주와 맥주의 동반 판매를 좋아할 뿐이다. 이제 맥주는 치킨에 곁들이는 음료수로 전락한 처지다. 과거에는 맥주를 마실 때 안주가 치킨이었으나, 지금은 치킨을 먹을 때 곁들이는 음료수가 된 듯하다. 입안의 기름기를 씻어 내는 헹굼 술 수준으로 쇠퇴했다.

　다른 한쪽에서는 수입 맥주가 쏟아져 들어오고 있다. 처음 보는 로고도 신선하지만, 더 쌉싸름한 맛이 매력적이고 뒷맛은 상쾌하다. 가격도 합리적이다. 지구 반대쪽에서 오느라 희미해져 버린 맥주 향도 봐줄 만하다. 열대 지방을 지날 때 뜨거워진 컨테이너의 맥주 캔에서 플라스틱 가소제나 잔류성 유기 화합물이 녹아 나오지는 않을지 신경 쓰이긴 하지만, 여전히 맛있다. 골목마다 진출한 마트나 편의점으로 공급되어 사기도 편하다. 수입 맥주는 혼자 마시고 집에서 마신다는 '혼술, 홈술'의 대명사가 되었다.

수제 맥주도 등장했다. 아직 맥주 시장의 0.5퍼센트 수준에 불과하지만, 빠르게 성장하고 있다. 수제 맥주는 크래프트 맥주의 우리식 표현이다. 미국의 크래프트 맥주는 최고 수준이다. 미국 맥주가 맛없다는 말은 크래프트 맥주와 비교하면 그렇다는 것이다.

크래프트 맥주는 소규모 양조장에서 소량 다품종으로 생산하는 맥주를 말하는데, 영국에서 시작된 캄라CAMRA 운동이 그 기원이다*. 캄라는 대량 생산과 유통의 시대에 맞추어 변신하는 대기업 맥주보다는, 전통 에일을 보존하고 살리는 캠페인을 시작하면서 등장했다. 캄라의 영향으로 1970년대 미국에서 크래프트 맥주가 시작되었다. 밋밋한 대기업 맥주 맛에 질린 사람들이 에일처럼 뚜렷한 맛과 향을 내는 복고풍 맥주에 관심을 가지게 되었다. 복고 맥주는 대기업 맥주보다 빠르게 성장해서 부흥기를 맞이하고 있다. 유행이 돌고 돌 듯이 맥주의 맛도 과거를 좇는다. 이제 크래프트 맥주 양조장의 개수는 6,000곳이 넘고, 미국 전체 맥주 판매액의 13퍼센트를

---

*   CAMRA는 'Campaign for Real Ale'의 약자로 에일 페스티벌은 물론, 전통 에일과 에일 펍을 홍보하는 일을 한다. 인터넷 주소는 www.camra.org.uk이다.

넘어섰다. 크래프트 맥주에서 출발한 새뮤엘 애덤스 맥주의 성장세
는 대단하다. 새뮤엘 애덤스를 생산하는 보스턴비어컴퍼니의 매출
액은 1조 원에 육박한다. 성공 신화는 스타벅스의 전유물이 아니다.

투명한 황금빛과 거품의 미감

　　　　　　맥주의 색에 먼저 취해 본 적은 없는가? 개인적으로 유
럽풍 원목 테이블을 따라 낮은 촉수의 전구가 오징어 집어등처럼
켜진 고급 맥줏집에서 마셨던 맥주의 색은 오래 기억 속에 남아 있
다. 적당한 조명 아래 옅은 황금색 맥주의 자태는 정말이지 매력적
이다. 맥주잔이 넘칠 듯 솟아오른 거품이나 마신 후 잔에 층층이 남
겨진 거품의 흔적은 스마트폰을 들어 사진을 찍게 만든다. 술은 눈
으로 먼저 마시기 때문이다. 아직 입에 술잔을 대지 않았더라도 뇌
는 이미 취했을지도 모른다.

　맥주는 처음부터 맑고 투명한 황금빛 액체가 아니었다. 소규모
양조장에서 소량 생산되는 에일은 뿌옇거나 약간 탁한 경우가 많
다. 그렇다고 아무도 문제를 제기하지 않는다. 밀맥주도 마찬가지
다. 그러나 라거가 등장하면서 상황이 달라지기 시작했다. 맥주의
색이 옅어지고 유리잔에 따라 마시면서 맥주는 맑고 투명하게 변했
다. 에일에 비하여 맑고 투명하다는 것을 강조하면서, 맥주의 이미
지는 맑고 투명한 것으로 굳어져 갔다. 뿌연 맥주는 시장에서 잘 팔

리지 않는다는 지적은 이미 1892년에 저술된 맥주 양조법 책에도 등장한다[3].

투명하지 않은 라거는 품질에 문제가 있는 것으로 인식되기 때문이다. 이제 뿌연 맥주는 클레임의 대상이다. 필스너나 페일 라거가 등장하고 유리병에 담겨 시장에서 판매되면서, 맑고 투명하게 만드는 방향으로 맥주 제조 기술의 방향이 정해져 버렸다.

라거를 맑게 걸러 내는 과정을 파이닝fining이라고 한다. 병에 담기 전 마지막 공정이다. 파이닝은 원래 맥주나 포도주를 거를 때 첨가하는 물질을 지칭하는 용어였다. 과거에는 달걀흰자부터 물고기 부레나 해조류의 다당류 등을 사용했다. 단백질이나 녹말과 결합해 침전을 만드는 물질들이다. 이를 가라앉히면 맑은 맥주를 얻게 된다. 맥주는 맥아, 물, 홉, 효모로 만든다는 구호는 사실과 다르다. 주재료가 그렇다는 말일 뿐이다. 현대식 라거 맥주 공정에서는 여러 다른 첨가물도 사용한다. 규조토나 벤토나이트 같은 광물질부터 젤라틴이나 폴리클라 같은 유기물도 사용된다. 맛있게 만들기보다 맑게 만드는 데 더욱 신경 쓴다. 광고로 주입시킨 맑은 맥주에 대한 선입견을 충족시켜야 하기 때문이다.

투명한 유리잔에 맑은 황금빛 액체를 붓고 거품이 솟아오르는 광고 장면은 음주 욕구를 유발한다. 맥주병을 따고, 맥주를 잔에 따르는 소리도 마찬가지다. 우리의 뇌는 시각, 후각, 미각, 청각으로부터 오는 정보를 구분하지 않고 받아들이기 때문이다. 개한테 종소리를 들려주고 음식을 주는 실험을 반복하면, 나중에 종소리만으로 침샘에서 침이 분비되는 파블로프의 조건 반사 실험과 비슷하지 않은 가? 파블로프의 고전적 조건 형성은 광고 심리학의 기본이다. 술 광고에 등장하는 음주 후 감탄사, 아름다운 여인 혹은 섹시한 남자, 즐겁게 뛰어노는 장면들은 조건 반응을 유도하는 조건 자극이다. 모두 인간의 감성과 본능을 자극한다. 그런데 맑고 투명함은 이런 수준의 자극보다는 약하다.

현대 맥주는 왜 맑고 투명함에 집착할까? 맑고 깨끗함을 선호하는 집단 무의식 때문일까? 콜라가 여전히 검은색이고, 무색투명한 콜라가 시장에서 실패한 것을 보면 그렇지는 않은 것 같다. 오히려 행동주의 심리학자인 스키너의 조작적 조건 형성 이론이 더 그럴듯하다.

유럽의 1800년대는 맥주 부흥기였다. 독일의 10월 맥주 축제가 시작되었고, 라거 맥주 생산도 본격화되었다. 라거 제조법이나 효모를 훔치는 산업 스파이도 있었다. 1842년 체코의 필스너에서 우연히 옅은 황금색 맥주가 개발되었다. 유럽인은 금발과 같은 색의 맥주에 열광했고, 필스너 맥주가 개발되었고 인기에 힘입어 독일에 이어 전 유럽으로 퍼져 나갔다. 1850년경 미국으로 건너간 독일 이민자도 필스너 맥주를 만들었다. 미국식 페일 라거의 원조가 되었고, 앤호이저 부시, 밀러, 쿠어스 같은 맥주 기업이 탄생했다. 맥주 역사의 전환점이었다. 스키너의 이론에서 제시한 것처럼 옅은 색 그리고 황금 빛깔의 비즈니스적 보상은 결정적이었다. 이어서 TV 같은 대중 매체를 통해 맥주의 맑고 투명한 이미지가 학습되었다.

상업 광고를 통한 판매 촉진은 긍정적 강화로 작용했다. 맥주는 눈으로 먼저 마시는 술이 되었다.

맑은 술을 위한 노력

에일이나 라거도 원래 맑은 술을 얻으려는 노력의 결과였다. 앞서 이야기했듯이, 에일은 상면 발효, 라거는 하면 발효 방식으로 만드는 맥주다. 발효 중간 혹은 발효를 마친 후 떠오른 효모를 걸어 내면 비교적 맑은 에일을 얻을 수 있었다. 라거도 마찬가지다. 바닥에 가라앉은 라거 효모를 두고 윗부분을 조심스레 걸러 내어 맑은 라거 맥주를 얻었다. 천이나 치즈 여과포로 한 번 더 거르면 맑은 술이 된다. 걸러지지 않는 단백질이나 녹말이 남기 때문에 완전히 맑은 맥주가 되는 것은 아니다. 처음엔 맑고 투명하게 보이더라도 온도가 낮아지거나 시간이 지나면 뭉쳐서 뿌옇게 변하는데, 이것을 헤이즈Haze라고 한다.

헤이즈는 오랫동안 가라앉지 않는다. 마치 연기나 안개가 낀 것 같아 붙여진 맥주 용어다. 밀맥주가 혼탁한 것이 바로 헤이즈 때문이다. 글루텐 같은 밀단백질과 녹말이 작은 입자가 되어 떠다니기 때문이다. 맥아에서 나온 단백질은 분쇄한 맥아에 더운 물을 부어 맥아즙을 끓이는 과정에서 대부분 침전되지만, 밀단백질은 그렇지 않다. 드물지만 투명한 맑은 맥주도 냉장 보관하면 가끔 뿌옇게 변한다. 저장하는 동안 헤이즈가 생긴 것이다. 맥주에 녹아 있던 단백질이나 타닌이 서로 결합해 큰 입자가 되는데, 이것이 눈에 보일 정도로 커지면 맥주를 뿌옇게 만든다. 다른 술에 비해서 맥주는 비교적 큰 유리잔에 따르기 때문에 헤이즈가 조금만 생겨도 알아차리기 쉽다. 원래 맥주의 성분들이 단순히 뭉쳐서 뿌옇게 보이는 것이지만, 생산자와 소비자 모두 뿌연 맥주를 싫어한다.

　대량 생산되는 현대 맥주는 더 맑고, 더 투명하게 만들어야 한다. 맥주의 이미지가 그렇다고 대중을 세뇌했기 때문이다. 공장에서는 헤이즈를 제거하려고 필요 이상의 엄청난 노력을 기울인다. 실리카겔이나 폴리피롤리돈 같은 물질을 첨가해 침전을 촉진시켜 필터로 제거한다. 헤이즈를 일으키는 단백질이나 타닌을 흡착시켜 없애기도 한다. 냉각보장 공정은 맥주를 영하 1도 정도에서 하루 정도 보관하는 방법이다. 알코올이 포함된 맥주는 영하 1도에서는 얼지 않지만, 온도가 낮아지면 용해도도 낮아져서 타닌과 단백질 침전물이 생긴다. 저온에서 필터로 걸러 내어 침전이나 헤이즈를 제거한다.

　아예 헤이즈의 원인을 제거하는 방법도 사용한다. 맥주의 숙성 과정에서 단백질 분해 효소를 첨가하는 것이다. 단백질은 분해되면 물에 잘 녹아 헤이즈를 형성하기 어렵게 된다. 효소라고 이상한 화학 물질이 아니고 열대 과일인 파파야 추출물이다. 파파야, 망고, 파인애플, 키위 같은 열대 과일에는 단백질 분해 효소가 많다. 실제로 맥주를 맛있게 만드는 게 아니라, 맛있어 보이게 만드는 과정을 연출하는 것이다.

크래프트나 수제 맥주처럼 소규모 맥주 공장에서 만드는 맥주는 맑게 만드는 데 지나친 노력을 할 필요가 없다. 대부분 인근에서 소비되기 때문에 오래 저장할 필요가 없기 때문이다. 반면 공장에서 만드는 라거는 헤이즈를 완벽하게 제거해야 한다. 맥주는 맑고 투명하다는 편견 때문이다. 대량 생산과 대량 소비 시대에 대중 매체가 씌운 광고의 굴레다.

톡 쏘는 탄산을 위한 발효

발효가 막 끝난 라거는 미지근하고 느끼한 향을 내뿜는다. 기대하던 맥주 맛이 아니라서 실망하기 쉽다. 탄산 가스의 톡 쏘는 듯한 느낌도 없다. 김빠진 맥주보다 더 맛이 없다. 상한 달걀 냄새가 나는 황화 수소나 느끼한 맛을 내는 디아세틸이 남아 있어서다[4]. 미숙성 라거는 색깔도 조금 다르고 아세트알데히드 때문에 풋사과향이 나서 '그린 비어'라고 부른다. 라거가 숙성을 반드시 거쳐야 하는 이유다. 숙성 동안 거북한 향을 내는 물질도 줄어들고 깨끗하고 깔끔한 느낌을 주는 맥주로 변신한다. 여기에 탄산 가스를 넣고 압력을 가하면 맥주가 완성된다. 이 과정이 맥주 컨디셔닝이다.

디아세틸은 라거 효모가 만든다. 에일 발효에서는 거의 만들어지지 않는다. 디아세틸은 매우 낮은 농도에서도 고유의 향을 내고, 다른 향을 느끼지 못하게 만든다. 그래서 디아세틸 향이 사라지면 맥주가 숙성된 것으로 본다. 맥주 특유의 좋은 향미가 살아나기 때문이다. 디아세틸은 숙성 과정에서 천천히 사라지는데, 이를 효모가 다시 흡수해 향이 없는 물질로 바꾼다. 따라서 숙성하는 동안에도 효모가 남아 있어야 한다. 저온 숙성을 시작하면서 맥아즙이나 설탕을 첨가하는데, 효모가 천천히 자라면서 디아세틸, 황화수소, 아세트알데히드도 재흡수해서 없앤다. 그동안 효모는 알코올 발효도 하고, 탄산 가스도 만든다. 밀폐 용기에서 탄산 가스는 맥주에 녹아든다. 탄산이 녹아 톡 쏘는 맥주가 완성되는 과정이다. 그래서 알코올을 만드는 발효를 1차 발효, 숙성 과정에서 탄산을 만드는 과정을 2차 발효라고 한다.

　과거 전통적인 숙성 방법은 2주~2달까지 저온 숙성시켜 완성 맥주로 만드는 것이었다. 그러나 장기간 저온 숙성 방식은 맥주 생산비에 영향을 미친다. 맥주 소비가 많은 여름철에는 저온 숙성을 위한 냉각 전기료 비중이 매우 높다. 현대 맥주는 나무나 숯을 첨가하거나, 숙성 초기에 온도를 높여서 2~3일간 디아세틸을 빠르게 제거하는 여러 가지 방법을 사용한다. 대부분 에일이나 라거 맥주에는 부피의 약 2.5배의 탄산이 녹아 있다. 압력도 0.8기압 정도다. 맥주 병이나 캐스크에서 2차 발효를 시켜, 탄산 가스가 녹아 들어가게 하는 것이 전통적인 방법이다. 공장에서는 맥주를 병이나 캔에 넣을 때 1차 발효시 모아 둔 탄산 가스를 넣어 메운다. 어떤 방식이든 컨디셔닝을 거쳐야 맥주가 완성된다.

홉이라는 식물과 맥주의 맛

맥주 맛의 절반은 홉이다[5]. 홉을 사용하는 이유는 맥주의 쓴맛과 아로마 때문이다. 또한 홉은 맥주를 상하지 않게 하고, 맥주 거품을 낼 때도 필요하다. 홉이 사용되기 전에는 그루이트를 사용했다. 그루이트는 약초 추출물로, 홉과 마찬가지로 맥주의 보존성을 높이고 맛을 좋게 한다. 그러나 홉이 가진 독특한 쓴맛이 사람들의 입맛을 강하게 사로잡았다. 홉이 순수한 에일의 맛을 오염시킨다는 이유로 금시되거나, 추가로 세금을 부과하는 등의 우여곡절도 있었지만, 점차 홉이 첨가된 맥주만 만들어지게 되었다. 독일 남부의 바이에른공국에서 라인하이츠게보트_Reinheitsgebot_라는 법령을 발포했다. 최근 맥주 광고 카피로 등장하고 있는 '맥주 순수령'이 바로 이것이다. 맥주는 홉과 맥아와 물로만 만들어야 한다는 내용이다.

홉은 다년생 식물로 주로 서늘한 기후에서 자란다. 우리나라에서는 고랭지 지역이 아닌 곳에서는 쉽게 재배할 수 없는 식물이다. 한국개발연구원의 북한경제리뷰 보고서에 따르면 북한 양강도의 주요 작물로 홉이 재배되고 있다. 양강도에서 재배된 홉은 그 품질이 우수하여 수출도 한다고 한다. 2012년에 영국 〈이코노미스트〉지에서 북한의 대동강 맥주의 맛이 우리 맥주보다 우수하다고 품평해 논란이 된 적이 있었다. 여러 이유가 있겠지만 맥주의 맛을 좌우하는 홉의 품질도 한몫했을 것이다.

홉은 암수나무가 따로 있는데, 이중 암나무의 꽃을 사용한다. 홉의 암꽃은 수확 후 72시간 내 사용하는 것이 좋다. 생 홉을 사용하는 게 가장 좋지만, 홉은 한철이고 맥주는 사시사철 만든다. 국내에서 구하기도 어렵고 가격도 비싸다. 말린 홉 꽃이나 잎을 수입해서 사용하는 경우가 대부분이다. 주로 펠릿(영양제와 흙을 섞은 것에 종자를 넣어 알약 모양으로 만든 것) 형태로 가공된 것을 사용하거나 추출액 형태로도 사용한다.

홉은 쓴맛과 아로마로 나뉜다. 주로 맥아즙을 끓일 때 넣지만, 아로마 홉은 맥아즙을 식힌 후 추가한다. 홉 아로마가 휘발되는 것을 방지하기 위해서다. 아예 발효를 마치고 숙성할 때나 병에 담기 2~3일 전에 첨가하는 방법도 있다. 아로마는 시간이 지나면 점차 사라지기 때문이다. 이렇게 추가로 홉을 첨가하는 공정을 '드라이 호핑'이라고 한다. 흔히 많이 사용하는 케스케이드 홉은 꽃 향이나 감귤향, 필스너 맥주에 사용하는 사츠 홉은 흙냄새나 허브 향이 난다.

아로마 홉은 종류만 해도 수십 종이다. 다종다양하고, 방향 성분도 여러 가지로 많다. 홉을 많이 넣은 맥주 종류가 인디안 페일 에일, IPA다. 유럽에서 인도까지 수출하려고 홉을 많이 넣어 상하지 않게 만든 술이다. 쓴맛 홉이 아로마 홉으로 바뀌면서, 요즘 IPA는 향이 강한 맥주로 변신했다. 공개된 IPA 레시피를 보면 기본적으로 2가지 이상의 아로마 홉을 사용한다. 예를 들어, 시트러스 IPA는 맥아즙을 끓일 때 라임 껍질도 넣지만, 기본적으로는 발효 후에 홉을 한 번 더 첨가하는 드라이 호핑 방식을 이용하여 시트러스 향이 나는 시트라 홉을 과량으로 첨가한다.

쓴맛 홉은 알파산의 함량이 높다. 알파산이 쓴맛을 내는 주성분으로, 온도가 높아지면 쓴맛이 더 강해지는 이소알파산으로 변한다. 그래서 쓴맛 홉은 맥아즙을 끓일 때 첨가한다. 맥주의 쓴맛은 홉의 알파산 함량에 따라 정해진다. 쓴맛을 나타내는 정도를 표시하는 단위로 IBU를 사용한다. IBU는 국제 쓴맛 단위라는 뜻이지만, 실제로는 이소알파산 함량을 ppm 단위로 나타낸 값과 비슷하다. 일반적으로 IBU가 높으면 쓴맛도 강하지만, 당분이나 다른 첨가물 때문에 우리가 느끼는 쓴맛은 조금씩 다르다. 쓴 약을 먹을 때 사탕을 같이 먹는 것과 같은 이유다. 국내 맥주의 IBU는 대체로 20 이하의 값을 가지며, 쓴맛이 약한 편이다. 거대 맥주 기업에서 생산되는 맥주는 대부분 비슷하다. 스타우트와 기네스의 IBU 값은 60 정도다.

또한 홉에서 유래한 이소알파산은 맥주에서 자라는 세균을 죽인다. 맥주를 상하지 않게 하는 항균 작용을 하는 것이다. 맥주 단백질을 서로 연결해서 거품을 안정화하는 역할도 한다. 물론 단점도 있다. 홉은 빛이 있으면 분해되어 황화합물을 만들고 심한 악취를 낸다. 태양 빛에 노출된 맥주를 스컹크 맥주라고 부른다. 맥주병이 모두 갈색인 이유가 바로 이것이다. 코로나 같은 투명한 맥주병도 있는데, 이는 알파산이 극히 적은 홉을 사용했기에 가능하다. 혹은 화학적으로 수소를 첨가한 수첨 이소알파산을 사용하는데, 광분해되지 않기 때문이다. 수첨 이소알파산은 오히려 항균력과 거품을 안정화하는 특성을 개선한다. 크림 맥주의 미세하고 부드러운 크림도 수첨 이소알파산의 역할 때문이다.

맥주에 끌리는 과학적 이유

몰트는 맥주의 주원료로, 알코올 발효에 필요한 당분을 만든다. 효모가 자라는 데 필요한 아미노산도 공급한다. 당분과 아미노산은 효모가 먹어 치우지만, 몰트의 색과 향은 맥주에 남는다. 몰트의 색이 짙을수록 향도 짙다. 맥주의 색은 눈으로 볼 수 있지만, 몰트 향은 언어로 표현하기 어렵다. 과거 유럽에서 몰트는 중요한 저장 식품이었다, 몰트는 맥주도 만들지만, 빵이나 다른 요리의 재료로도 사용되었다. 그래서 서양인들은 경험과 언어의 습득 과정에서 자연스럽게 몰트의 향이 어떤 것인지 알고 있다. 몰트 향이 난다고 하면 알아듣는다. 마치 우리가 뜨거운 국물을 마시면서 시원하다고 느끼는 것을 서양 사람에게 설명하기 어려운 것과 같다.

몰트가 상업적으로 제조·판매되면서 종류도 많아졌고, 몰트의 향이 서로 어떻게 다른지 구분하는 관능 검사도 발전했다. 몰트 향을 말로 표현하거나 글로 설명해야 할 필요가 생겼다. 맥주의 관능 검사표 중에는 대분류에 몰트 향이 있고, 비스킷·몰트·캐러멜·초콜릿·쓴맛 등의 중분류도 있다. 몰트 향을 표현하는 소분류 항목은 20개가 넘는다. 여기에 훈제 몰트를 사용하면 스모키 향도 추가된다. 관능 검사표마다 구성이 다르지만, 몰트 향이 차지하는 비중이 크다는 사실을 확인할 수 있는 대목이다.

몰트는 종류에 따라 특색 있는 향이 있다. 옅은 색의 필스너 몰트에서는 곡류와 꿀의 향이 두드러진다. 킬른 건조(열기 건조)된 페일 몰트는 비스킷이나 견과류의 향, 킬른으로 고온에서 건조되는 비엔나 몰트와 뮌헨 몰트에서는 잘 익은 토스트 향을 맡을 수 있다. 태우듯이 건조시킨 짙은 갈색의 몰트는 초콜릿이나 스모크 향이 난다.

몰트 향의 실체는 무엇일까? 화학적으로 이미 알려져 있다. 몰트 향의 주성분은 메틸 부탄알Methyl butanal이다. 몰트 향으로 추정되는 여러 성분을 화학적으로 분리해, 사람이 몰트 향으로 인지하는 것을 찾아낸 것이다. 메틸 부탄알은 발아된 보리를 건조할 때 주로 생성된다. 발아 보리의 단백질에서 분해된 아미노산 중에 일부 아미노산이 변형되어 생성된다. 또 단백질이 주성분인 치즈나 육류, 심지어 장류에서도 만들어진다. 식품에서 매우 흔한 향을 내는 물질인 것이다. 몰트 향의 주성분은 메틸 부탄알이지만, 몰트를 가열해 건조시킬 때 진행되는 갈변 반응에서 다양한 향이 더해진다. 이런 향이 모여 복합적인 몰트 향을 형성한다. 갈변 반응의 향을 따로 구분하지 않고 몰트 향이라고 느끼기 때문이다.

식품의 갈변 반응은 마이야르 반응과 캐러멜 반응으로 나뉜다. 반응특성이 달라 두 반응으로 구분하지만, 모두 색을 변화시킬 뿐 아니라 동시에 향을 만드는 것은 마찬가지다. 온도가 높아지면 두 반응이 동시에 일어나지만, 특성이 조금씩 다르다. 마이야르 반응은 당분과 단백질의 질소가 결합해 색소와 향을 만드는 화학 반응으로, 단백질과 당분이 동시에 존재하는 식품에서만 일어난다. 구운 빵 껍질의 짙은 갈색이 바로 마이야르 반응의 결과다. 마이야르 반응으로 색과 향을 강하게 만든 것이 캐러멜 몰트다. 캐러멜 몰트의 껍질은 윤기가 흐르는 검은색이다. 온도를 더 높여 구워 낸 짙은 갈색 몰트에서는 캐러멜 향과 토치로 그을린 설탕의 맛, 건포도나 살구의 향기까지 난다. 더 태우면 커피의 쓴맛이 나거나 견과류나 스모키 향을 가진 몰트가 만들어진다. 화학적으로 피라진, 피롤, 알킬피리딘, 퓨라논, 옥사졸, 티오펜이 만들어진다. 대부분 단백질과 당분이 고온에서 분해되면서 반응하여 만들어진 물질이다. 메틸 부탄알과 혼합되어 특유의 몰트 향을 만든다. 마이야르 반응에서 얻어지는 갈색 물질을 멜라노이딘이라 부른다. 멜라닌과 유사하다는 의미다. 멜라노이딘의 색은 갈색부터 검은색까지 다양하다. 당분이나 단백질의 종류에 따라 달라지는데, 몰트에 따라 붉은빛의 갈색을 띠는 맥주도 만들 수 있다.

캐러멜 반응은 단백질이 없어도 온도만 높으면 된다. 대표적인 예는 설탕을 국자에 넣고 녹여 만드는 뽑기 과자다. 타이밍을 놓치면 짙은 갈색으로 변하는데, 이것이 바로 캐러멜화 반응이다. 설탕의 단맛에 캐러멜 향이 스며들어 그냥 설탕보다 맛있다. 캐러멜 향도 화학적으로 잘 알려져 있다. 당분에서 물 분자가 제거되어 얻어지는 퓨란이나 푸르푸랄 계통의 화학 물질 때문이다. 사실은 누룽지에서 나는 향과 같은 물질이다. 더 높은 온도에서는 당분이 탈수되면서 뭉쳐 카라멜란이나 카라멜렌 같은 흑색 미세입자를 만든다. 커피나 짜장의 짙은 색도 이 두 입자 때문이다. 건조하면서 훈제 향을 덧입힌 몰트도 있다. 비치우드(너도밤나무)를 태운 연기가 스민 스모키 몰트는 독일의 전통 맥주인 켈러비어Kellerbier나 라우흐비어

Rauchbier를 만든다. 독일의 대표적인 맥주 축제, 옥토버페스트에도 등장하는 맥주다. 나무의 헤미셀룰로스나 자일로스(목당) 성분이 캐러멜 반응을 한 결과다. 우리가 바비큐 향이라 인지하는 독특한 훈제향을 낸다.

몰트 향이나 마이야르 혹은 캐러멜 향이 좋다고 인지하게 된 것은 인간이 불을 사용하게 된 것과 관련이 깊다. 인간은 불을 사용해 화식을 하면서 고기를 소화시키기 쉽게 만들었다. 수렵 채집 사회에서 불을 사용하는 종족이 우위를 차지하게 되었다. 굽거나 태울 때 나오는 냄새를 좋은 것이라고 인지하게 되는 쪽이 진화 과정에서 적자생존을 하게 된 것이다. 우리는 유전자에 기록된 진화의 흔적 때문에 몰트의 짙은 향에 끌리는 것이 아닐까?

싹 튼 보리로 만든 술

술을 좀 마셔 본 사람들에게 몰트는 생소하지 않은 말이다. 몰트 향이나 싱글몰트 위스키 혹은 사우어 몰트처럼 맥주나 위스키에 자주 등장하기 때문이다. 프롤로그에서도 잠시 언급했듯이 몰트는 싹을 틔운 보리를 건조한 것으로, 맥주나 위스키의 원료다. 우리말로는 맥아 혹은 엿기름이다. 엿기름은 싹이 난 보리를 말려서 분쇄한 것이다. 그러나 몰트는 맥주나 위스키를 만들고, 엿기름은 식혜나 조청을 만든다. 식혜나 조청의 원료가 서양에서는 술을

만드는 원료가 되었으니 신기한 일이다.

우리에게도 엿기름으로 만든 술이 전혀 없는 것은 아니다. 엿기름으로 조청을 만들고, 조청을 고아 엿을 만들고, 남은 찌꺼기에 물을 붓고 누룩을 첨가하여 만드는 원주의 황골엿술이 있다. 엿을 첨가한 누룩술인 셈이다. 엿기름으로만 만든 술은 찾아보기 어렵다. 엿기름을 넣어 만드는 달달한 식혜도 발효시키면 술이 되지만, 술을 만들었다는 기록이나 흔적은 없다. 다만 지방에 따라 식혜를 단술이라 부를 뿐이다. 엿기름은 이름 그대로 엿이나 조청을 만들고, 술은 만들지 않았다. 우리에겐 술보다 엿이 더 중요했던 것일까? 아마 누룩이라는 더 좋은 재료가 있었기 때문일 것이다. 그래서 누룩은 동양 술의 근원이고, 몰트는 서양 술의 시작이다.

와인을 제외하고 맥주나 위스키 같은 술은 모두 몰트로 만든다. 만약에 몰트가 없었다면 와인이 서양의 유일한 술이 되었을지도 모른다. 그러나 인류가 농경을 시작한 이상 몰트는 필연적으로 발생하는 부산물이다. 보리를 수확하고 저장하는 동안에 저절로 만들어졌을 가능성이 크기 때문이다. 아마도 처음에는 싹을 틔운 보리를 말리는 과정에서 몰트 만드는 방법을 터득했을 것이다.

본격적으로 맥주를 만들려면 몰트를 대량으로 제조해야 한다. 염전 같은 낮은 담이 있는 평평한 곳이 필요하다. 수확한 보리를 평평하게 깔아 놓고 물에 잠기도록 해서 싹을 틔워야 하기 때문이다. 고대 유적에서 이런 평평한 곳은 신석기부터 등장한다[6].

탄화된 몰트도 약 6,000년 전 스코틀랜드의 신석기 유적에서 발

굴되었다. 전자현미경 사진을 보면 보리의 배아가 사라지고 내부에
는 작은 구멍이 많이 보인다[7]. 보리의 녹말이 발아 과정에서 분해되
어 없어졌기 때문이다. 상당히 오래전부터 보리를 재배했고 몰트를
만들었다고 짐작할 수 있는 고고학적 증거다.

맥주 맛을 개발하는 기술력

맥주보리 역시 야생 보리로부터 진화했다. 진화는 환경
에 적응하는 방향으로 진행된다. 발아 보리에는 녹말이 분해된 당
분이 생긴다. 단맛에 이끌려 보리 낱알을 발아시키는 방법을 터득
하고, 나중에는 발아가 잘되는 야생 보리가 있는 지역에 정착해 재
배를 시도했을 수도 있다. 이런 시도는 농경 이전까지 수십에서 수
만 년 동안 반복되었을 것이다. 몰트가 우연히 발효되어 만들어지
는 항정신성 음료에 매료되어 원시적인 술 빚기도 오랫동안 시행착
오를 거치면 발전했다. 그래서 《술의 세계사》의 저자인 패트릭 맥
거번은 농경은 빵이 아니라, 술을 얻기 위해 시작되었다고 주장한
다*. 알코올 때문에 물보다 안전한 음료이고 이런 알코올 음료에 집
착하는 부족이 생존에 유리했을 것이기 때문이다.

* 《술의 세계사》(패트릭 맥거번 지음, 김형근 옮김, 글항아리)에서 저자는 농경의 시작은
술을 만들어 마시기 위한 것이고, 술은 문명 발전의 원동력이었다고 주장한다.

맥주보리는 이조대맥이다. 이조대맥은 낱알이 줄기를 따라 2열로 달린 보리 품종이다. 식용 보리는 낱알이 6열로 달려 있어 육조대맥이라 부른다. 지금은 육조대맥도 맥주 양조에 사용되지만, 이조대맥이 원래 양조용 보리다. 이조대맥은 두 줄이라 낱알 수가 적어 단위면적당 수확량도 적지만, 이조대맥은 맥주를 만드는 데 유리하다. 이조대맥은 단백질 함량이 적어 발효 과정에서 발생하는 황화합물이 적다. 이조대맥의 낱알은 크고 균일하지만, 육조대맥은 낱알은 작고 크기가 들쑥날쑥해, 발아시킨 보리를 가열 건조하면 작은 낱알은 타고 큰 낱알은 덜 건조된다. 크기가 균일해야 같은 정도로 건조된다. 이조대맥의 겉껍질도 크기가 균일하다. 균일한 껍질층은 끓인 맥아즙을 걸러 내는 라우터링Lauterring 단계에서 필터 같은 역할을 한다. 오랫동안 이조대맥이 맥주를 만드는 데 사용되어 온 이유다.

작물 유전학 연구에 따르면, 육조대맥은 이조대맥의 유전자가 돌연변이를 일으켜 나왔다. 이 돌연변이로 인해 육조대맥 낱알은 3배나 더 많아졌다. 단위면적당 생산량이 증가한 것이다. 껍질을 벗기기 쉬운 돌연변이도 생겼다. 농경 환경에서 겉보리가 쌀보리로 진화한 것이다. 반면 이조대맥은 술을 만들기 좋은 품종으로 진화했다. 맥주보리 품종은 낱알이 두 줄만 달려 있지만 육종을 통해 낱알의 수가 늘어 수확량이 증가했다. 기계화를 위해 잘 쓰러지지 않도록 키도 작아졌다. 이제는 인간의 손으로 육종되어 더 좋은 품종으로 개발되고 있다. 예를 들면, 특정 지방산을 산화시키는 효소가 없는 보리 품종도 개발되었다. 맥주의 향미에 좋지 않은 영향을 주는 노네날 같은 물질을 만들지 않는다. 더 좋은 품종의 개발을 위해 유전체학Genomics이나 단백질체학Proteomics 같은 첨단 바이오 기술도 사용한다.

볶으면 볶을수록 고상한 향기가

제맥Malting은 보리를 발아시켜 몰트를 만드는 과정이다. 보리를 물에 넣어 두면 싹을 틔우기 시작한다. 이틀 동안 두었다가 수분 함량이 44퍼센트 정도가 되면 건져 내어 습한 상태로 둔다. 완전 발아까지 4~5일이 더 걸린다. 발아되면 잔뿌리가 생기는 겉모습만 변하는 것이 아니라, 내부에서는 생명이 꿈틀대는 놀라운 변화가 시작된다.

먼저 수분 함량이 높아지면 효소가 활동을 시작한다. 씨눈 세포가 증식하고 속떡잎이 껍질 속에서 자란다. 씨눈을 제외한 부분은 배유 혹은 내배유라고 부르는데, 실은 녹말 덩어리로 영양 공급원 역할을 한다. 수분이 많아지면 단백질 분해 효소도 활성화된다. 지장 단백질을 분해해 아미노산을 만든다. 녹말 분해 효소는 녹말을 분해해 당분을 만든다. 당분과 아미노산은 보리가 싹을 틔우고 자랄 때 영양소로 사용된다. 그대로 두면 떡잎을 내고 보리 모종으로 자란다. 여기서 더 자라지 않도록 건조한 것이 몰트다. 건조시키면 잔뿌리는 떨어져 나가고 속떡잎은 성장을 멈춘다. 속떡잎의 길이로 발아의 정도를 판별하는데, 껍질 속 속떡잎이 낟알 길이만큼 자라면 완전히 발아된 것이다. 불완전 발아 보리나 반쯤 발아시킨 보리도 있다. 속떡잎이 낟알 길이의 절반 정도면 반 발아 보리다. 반 발아 보리는 필스너 맥주처럼 색이 옅은 맥주를 만들 때 사용하는 몰트다.

과거의 몰트는 대부분 짙은 색이었다. 보리차를 끓이는 데 사용하는 볶은 보리 같다. 발아시킨 보리를 볶아서 건조해 태우다시피 말려야 오래 보관할 수 있는 몰트를 얻을 수 있었다. 그늘에서 천천히 말리면 좋겠지만 싹이 난 보리를 빨리 건조하지 않으면 쉽게 상해서, 솥에 넣고 볶듯이 말렸다. 완전히 건조해서 수분 함량을 15퍼센트 이하로 만들어야 곰팡이가 생기지 않고 보관할 수 있다. 가을에 추수한 보리를 한꺼번에 몰트로 만들고, 다음 해 봄까지 사용해야 했다. 유럽의 겨울은 습도가 높다. 싹이 나 버리는 보리보다 건조된 몰트가 저장하기 유리하고 손실도 적었다.

중세를 거치면서 전문적인 맥주 제조와 숙박을 겸한 술집이 생겼고, 산업 혁명 이후부터는 맥주 공장이 생기면서 점차 맥아를 태우지 않고 건조할 수 있게 되었다. 발아시킨 보리를 펼쳐놓고 밑바닥에서 가열하는 킬른이 등장했다. 일꾼들이 수시로 보리를 뒤집고 헤쳐가며 건조해서 갈색의 몰트를 얻었다.

몰트의 색이 옅어지면서 맥주의 색도 점점 흐려졌다. 몰트를 태우지 않고 건조하면 녹말을 분해하여 당분을 만드는 당화력이 좋아진다. 몰트의 효소가 고온에서 변성되지 않아 활성을 유지하기 때문이다. 그렇다고 옅은 몰트가 다 좋은 것은 아니다. 짙은 갈색 몰트에서 풍기는 구수한 향은 기대할 수 없다. 몰트 색이 진해질수록 구수한 향도 짙어지고, 점차 캐러멜 향이나 초콜릿 향이 몰트 향에 더해진다. 마치 커피 원두를 볶으면 커피가 향을 내는 것과 비슷하다. 몰트도 볶을수록 단순한 몰트 향이 점점 복잡하고 고상한 향으로 변화해 간다.

짙은 갈색 스타우트와 검은색 기네스

맥주는 원래 짙은 갈색이다. 14세기 독일의 보크 맥주나 18세기 영국의 포터 맥주 모두 스타우트처럼 검은색에 가깝다. 마치 볶은 보리를 지나치게 많이 넣고 끓인 진한 보리차 같다. 보리차를 마시는 이유는 구수한 향도 좋지만, 태운 보리 때문에 잘 상하지 않기 때문이다.

마찬가지로 발아시킨 보리를 가열 건조하면 구수한 향도 나고 저장성이 좋은 몰트를 만들 수 있다. 몰트를 볶아서 완전히 건조시켜야 해를 넘겨서까지 보관할 수 있다. 밀폐된 저장 시설이 부족했던 과거에는 보리를 몰트로 보관하는 것이 안전했다. 유럽의 겨울은 습기가 많아 싹을 틔워 버리는 보리가 많았기 때문이다. 냉장 시설이 없었던 당시에는 몰트가 많이 들어간 맥주를 주로 만들었다. 맥주의 색은 짙어지고 알코올 함량이 지금의 2배까지 올라갔다. 짙은 색 몰트를 사용할수록 저장성이 높아진다.

산업 혁명 이후 영국에서는 석탄 대신 불순물이 적은 골탄을 사용해 페일 몰트를 제조했고, 맥주의 색도 점점 연해져 갔다. 이런 맥주를 페일 에일이라고 부른다. 홉을 첨가하여 저장성도 높아졌다. 페일 에일은 오크통에 담겨 영국을 중심으로 전 유럽으로 퍼져 나가게 되었다.

앞서 말했듯이 지금 우리가 마시는 황금빛의 매우 옅은 갈색 맥주는 1842년 체코 보헤미아 지방의 플젠Plzen에서 탄생했다. 오늘날의 필스너(혹은 필스) 맥주다. 독일의 라거 기술을 도입해 만든 맥주인데, 이전에 볼 수 없던 맑고 옅은 갈색의 맥주를 얻게 된 것이다. 독일 방식의 제조 기술이 도입됐지만, 원료는 플젠의 것을 사용하여 보리를 완전히 발아시키지 않고 반쯤 발아시킨 보리를 건조해 썼다. 반 발아 보리의 당분이 적어 갈변 반응이 약하게 일어났다. 게다가 플젠 지방의 물은 칼슘이나 마그네슘이 적은 연수였기 때문에 보리 맥아즙의 색도 옅어졌다. 옅은 황금색의 플젠 맥주는 유럽에서 열풍을 일으켰고, 현재 대량 생산되는 라거 맥주의 직계 조상이 되었다. 현대 맥주의 90퍼센트 이상이 필스너와 같은 유형이다.

그렇다고 스타우트처럼 짙은 갈색 맥주가 사라진 것은 아니다. 여전히 짙은 몰트 향을 선호하는 맥주 애호가도 많다. 기네스는 스타우트보다 더 짙은 검은색을 띤다. 아예 맥아에 태운 보리를 섞어 일부러 검은색이 두드러지게 만든 것이다. 태운 보리로 만든 보리

차의 구수한 맛을 기억하듯이 쌉쌀한 탄 맛을 좋아하는 기네스 애호가도 많다.

　맥주의 갈색 정도를 측정하는 단위로 유럽에서는 EBC를 사용한다*. 아예 검은색인 기네스나 스타우트 맥주는 100EBC가 넘는다. 10월 축제의 뮌헨 맥주는 10~20EBC 정도다. 보리가 아닌 밀을 원료로 만든 독일의 밀맥주는 8EBC로 가장 옅은 색이다. 그런데 우리가 마시는 현재의 맥주는 4EBC 정도로 더 옅은 갈색이다.

곡물 메이저 기업과 대량 생산

몰트는 종류도 많고, 엄청난 양을 생산한다. 전 세계적으로 연간 2,000억 리터의 맥주를 만들기 때문이다. 맥주 1리터당 100그램의 몰트가 쓰이기 때문에 대충 계산해도 2,000만 톤의 몰트가 필요하다. 우리나라 쌀 생산량의 4배에 해당하는 양이다. 맥주 몰트를 전문적으로 제조하는 회사도 따로 있다. 몰트유럽Malteurop, 수플레Soufflet, 카길Cargill이 각각 수십에서 수백만 톤의 몰트를 생산하고 맥주 회사에 공급한다. 몰트의 종류도 한둘이 아니다. 미국 최대의

---

*　EBCEuropean brewing convention은 비색분광계를 사용하여 측정한 430nm(나노미터)의 단색광 빛의 흡광에 25를 곱한 값이다. 미국에서는 SRMStandard reference method 혹은 '로비본드 컬러Lovibond color'를 사용하는데 흡광도에 12.7을 곱하므로 EBC의 50.8 퍼센트의 값을 가진다.

곡물 회사인 카길에서 생산 판매하는 몰트의 종류는 무려 90종이 넘는다. 맥주의 종류가 다양한 만큼 몰트 종류도 많을 수밖에 없다. 몰트는 맥주의 주원료로 사용되는 베이스 몰트부터 위스키를 만드는 증류주용 몰트, 그리고 스페셜티 몰트로 구별된다.

베이스 몰트는 알코올을 만드는 당분 공급원이고, 향과 색을 내는 목적으로 스페셜티 몰트를 추가한다. 대표적인 몇 가지를 색이 짙은 순서대로 나열하면 아로마 몰트, 뮌헨 몰트, 비스킷 몰트, 초콜릿 몰트, 블랙 몰트와 로스트 발리 몰트 등이다. 색이 진한 몰트는 고온에서 오래 가열해서 만드는데, 원래의 몰트 향에 구수하고 쌉쌀한 맛과 향이 더해진다. 반면 열을 가해서 온도가 높아지면 녹말 분해 효소는 열 변성되기 쉽다. 결과적으로 당화 작용이 잘 일어나지 않는다. 그래서 당화 작용보다는 몰트 향을 내는 역할을 한다. 뮌헨 몰트의 당화력은 절반으로 줄고, 비스킷 몰트는 거의 남지 않는다. 그러나 향과 색을 내는 데 좋다. 당화력을 완전히 상실한 초콜릿 몰트, 블랙 몰트, 로스트 발리는 색과 향을 내는 목적으로만 첨가하기 때문이다. 그래서 맥주 발효에는 당화력이 높은 옅은 몰트를 베이스로 사용하고, 여기에 향미가 좋은 스페셜티 몰트를 적절하게 첨가해 맥주의 몰트와 홉 향의 균형을 맞춘다.

몰트를 만드는 방법도 단순 건조 방식에서 갈변 반응 후 건조하는 방법으로 발전했다. 이렇게 두 단계의 공정으로 만든 것이 캐러멜 몰트다. 첫 단계는 발아 보리를 밀폐된 반응기에 넣고 온도를 70도로 유지한다. 녹말 분해 효소가 녹말을 분해해 당분을 만든다. 당분이 많으면 갈변 반응이 빠르게 진행된다. 캐러멜 몰트의 갈변 반응은 보리의 효소를 활용한 획기적 방법이다. 마이야르 반응과 캐러멜화 반응이 진행되어 색은 짙고 향은 풍부해진다. 이후 가열 건조 단계를 거쳐 캐러멜 몰트를 얻을 수 있다.

두 번째 단계에서 녹말 분해 효소가 일부 손실되지만, 단순 가열 건조에 비해서 손실 정도는 매우 적다. 캐러멜 몰트는 짙은 갈색에 풍부한 몰트 향을 내면서도 당화력도 좋다. 건조 시간을 줄여 효소의 파괴를 막았기 때문이다. 동시에 갈변 반응을 유도해 깊은 갈색과 풍부한 향을 낸다. 캐러멜 몰트 중에는 크리스틸 몰트도 있다. 몰트를 건조하기 전에 충분히 효소 반응을 진행하면 당분이 많이 생긴다. 이후 가열 건조시 당분이 용해되어 반짝거리는 흑설탕 알갱이처럼 보인다.

반대로 색이 변하지 않도록 만든 몰트도 있다. 우리가 마시는 맥주는 대부분 필스 혹은 필스너 계열의 맥주인데, 가장 옅은 몰트를 사용한다. 필스 몰트의 향은 짙은 색의 몰트 향과 다르다. 통곡물로 만들고 덜 구운듯한 비스킷 향이 난다. 그래서 필스 계열의 맥주의 맛은 깔끔하고 건조하게 느낀다. 영어로는 '델리키트delicate'하고 '크리스피Crispy'하다고 표현한다. 결론적으로 몰트는 진화하고 있으며, 그 덕에 맥주의 맛은 더욱 좋아졌다.

맥주 제조의 양조 과학

맥주 발효는 매싱Mashing에서 시작된다. 매싱은 몰트로 맥아즙을 만드는 과정이다. 맥주를 만드는 첫 단계이고, 몰트를 물에 넣기 때문에 흔히 '담금'이라고 번역한다. 적당한 우리말이 없어서인지 맥주 공장에서도 매싱 대신 담금이라는 용어를 사용한다. 누룩과 쌀을 물에 넣어 술을 담그는 것처럼 보이기 때문이다. 겉보기에는 비슷하지만, 속사정은 다르다. 매싱은 녹말을 단순 당으로 만드는 효소 반응이다. 발효 이전의 단계다. 매싱으로 얻은 맥아즙을 끓인 후 식혀야 발효가 시작된다. 그래서 맥주 발효는 매싱과 발효두 단계로 구분된다. 우리 전통주나 누룩술에서는 효소 반응과 발효가 동시에 일어난다. 발효와 담금을 따로 구별할 필요 없이 술을담근다고 해도 충분했다. 담금이 바로 발효의 시작이기 때문이다. 여러 종류의 술을 같이 다루는 이 책에서는 담금과 구분하기 위해서 매싱이라는 용어를 사용하고자 한다.

분쇄된 몰트를 물에 넣고 온도를 올리면 매싱이 시작된다. 수분이 충분하고 온도가 적당하면, 몰트의 녹말과 단백질이 가수분해되는 효소 반응이 진행된다. 효소 반응을 마치면 단순 당과 아미노산이 풍부한 맥아즙이 생긴다. 여기에 효모가 자라면서 알코올을 만들면 맥주가 된다. 당연히 맥아즙이 맥주의 맛과 알코올 함량을 결정한다. 몰트가 모두 당분으로 바뀌는 것도 아니다. 몰트에서 물에녹는 녹말은 80퍼센트 내외고, 이를 몰트 추출률이라고 한다. 캐러멜 몰트의 추출률은 70퍼센트로 낮다. 열을 가할수록 불용성 성분이 많아지기 때문이다. 가용성 녹말이라고 모두 단순 당으로 바뀌지도 않는다. 매싱 조건에 따라 완전히 분해되지 않은 비발효당이 만들어진다. 비발효당이 많으면 단맛이나 바디감이 높은 맥주를 만들 수 있다. 몰트와 매싱 조건이 맥주의 맛을 결정하는 이유다.

매싱에서 녹말이 분해되는 효소 반응은 통칭하여 당화라고 부르지만, 실은 액화와 당화로 나뉜다. 녹말 액화는 물에 잘 녹지 않는 녹말이 풀어져 녹는 현상이다. 액화는 알파 녹말 분해 효소의 작용이다. 녹말은 포도당이 사슬처럼 길게 연결된 것이고, 알파효소는 사슬 중간을 마구잡이로 잘라 낸 것이다. 액화는 물에 녹는 짧은 녹말 사슬을 만든다. 당화는 짧은 녹말 사슬의 끝에서 단순 당이 떨어져 나와 단맛이 나서 붙은 이름이다. 베타효소가 녹말 사슬의 끝부분에 작용하기 때문이다. 몰트의 베타효소는 포도당을 2개 단위로 잘라 낸다. 포도당이 2개 연결된 것이 맥아당이고, 효모는 이 맥아당을 먹고 맥주를 만든다. 맥아즙이라고 부르는 이유도 맥아당이 많기 때문이다.

매싱 온도는 60~70도까지 몰트에 따라 달라진다. 보리의 알파효소는 섭씨 70도에서 활발하게 효소 작용을 하고 베타효소는 61.5도에서 최적이기 때문이다. 매싱 온도가 70도에 가까우면 알파효소가 베타효소보다 활발해진다. 녹말 사슬을 자르는 속도가 빨라 맥아당으로 분해되지 않은 짧은 녹말 사슬이 남는다. 맥아즙에 비발효당이 많아진다. 결과적으로 바디감과 단맛이 나는 맥주가 만들어진다. 온도를 낮추면 그 반대다. 매싱 시간은 길지만, 바디감이 적은 드라이 맥주가 될 수 있는 맥아즙이 된다. 불용성 녹말이 남아 매싱 효율도 감소한다. 결국 매싱 온도가 맥주의 맛을 좌우한다. 그렇다고 맥주의 맛을 결정하는 매싱 온도가 정해져 있는 것은 아니다. 몰트에 따라 알파효소와 베타효소의 비율이 다르기 때문이다. 판매되는 몰트의 규격에는 매싱 온도가 아니라, 알파효소의 활성과 당화력이 표시된다. 그런데 구매할 때마다 조금씩 달라지기도 한다. 그래서 매싱은 생각보다 복잡하다. 온도뿐만 아니라 고려해야 할 다른 조건도 많다. 매싱에는 단백질 분해 효소나 글루칸 분해 효소도 관여한다. 맥주는 효모가 만들지만, 맛있는 맥주는 결국 사람이 만든다.

갈변을 일으키는 화학 반응

과거에는 매싱 온도를 어떻게 60~70도 사이로 맞추었을까? 온도계도 없었던 과거에는 지금처럼 일정한 품질의 맥주를 만들기 쉽지 않았을 것이다. 운이 좋으면 단맛이 짙은 맥아즙을 얻고, 아니면 그만이었다. 그러나 과거에도 경험을 통해 매싱 온도를 조절해야 한다는 것을 알고 있었다. 이를 위해 물을 끓여 일정 비율로 섞는 방법을 사용했다. 끓는 물의 온도는 100도이니 섞는 비율에 따라 온도를 맞출 수 있기 때문이다. 그러나 계절별 기온의 영향으로 물은 점차 식게 마련이고, 대량으로 끓는 물을 준비하는 복잡함 때문에 장인의 부지런함에 따라 맥주의 품질도 들쑥날쑥했다. 매싱 온도를 0.1도 단위로 조절하는 현재의 기술과 비교하면 격세지감이다.

물 대신 매싱할 것의 일부를 끓이고 다시 되돌려 온도를 조절하는 방법도 사용했다. 디콕션Decoction 매싱이라고 부른다. 처음에는 그저 매싱 온도를 유지하는 방법에 지나지 않았으나, 곧 맥주 맛이 좋아진다는 사실을 알게 되었다. 디콕션은 한약재를 달이듯 식물을 끓여 추출한다는 뜻이다. 색이 짙어지고 맛이 좋아지기 때문에 뭔가 추출된다고 생각해서 디콕션으로 불리게 되었다. 실제로는 식품의 흔한 갈변 반응인 마이야르 반응이 일어난 것이다. 지금은 향이 강하고 색이 짙은 캐러멜 몰트가 여러 종류 판매되니 디콕션을 할 필요가 없다. 그러나 유럽 소규모 양조장에는 디콕션 매싱 기술을 사용하는 전통 맥주가 아직도 많다.

사실 온도를 조절하지 않아도 매싱은 가능하다. 온돌 아랫목에 이불을 덮어 두는 정도로 식혜도 만들 수 있지 않은가. 그러나 온도를 조절하지 않으면, 매싱 시간이 오래 걸리고 잡균이 자라기 쉽다. 결과적으로 발효가 실패하거나 품질이 떨어지는 맥주가 만들어진다. 맥주의 품질을 안정화시키고 맛을 좋게 하는 디콕션 매싱을 독일 맥주를 부흥시킨 양조 기술이다. 다단계 디콕션을 이용해 매싱 온도를 단계적으로 올리는 방법도 개발되었다. 맥아즙 일부를 끓인 뒤, 다시 섞어 미지근한 온도에서 먼저 단백질 분해 효소를 활성화하고, 두 번째 디콕션으로 온도를 60~70도로 올려서 녹말 분해 효소가 빠르게 녹말을 분해하도록 한다. 마지막 디콕션으로 온도를 더 올려 당화를 마친다. 단계별로 온도를 조절하여 효소 반응을 조절하는 현대 매싱 기술의 기초가 되었다.

적당한 맥아즙의 당도

홉을 우려내 끓인 맥아즙을 걸러 내는 공정을 라우터링이라 부른다. 보리 껍질과 불용성 성분이 필터 역할을 한다. 원두 커피를 내린 것 같은 맑은 맥아즙이 얻어지는데 보르트라고 부른다. 원래 독일어 Wort에서 유래했고, 곡식에서 만들어진 당액이라는 뜻이다. 여기에 효모가 자라면 맥주 발효가 시작된다. 먼저 효모가 살 수 있도록 보르트를 식혀야 한다. 라거는 15도 이하, 에일은 25도 이하로 식혀야 한다. 보르트 온도가 30도가 넘으면 효모가 죽고 발효는 실패한다. 그냥 둬도 상온으로 온도가 낮아지지만 시간이 오래 걸린다. 커피 한 잔 정도는 한 시간도 걸리지 않아 식지만, 큰 통에 담긴 액체는 하루가 지나도 충분히 식지 않을 수 있다. 그동안 야생 효모나 잡균이 자란다. 잡균에 오염되지 않도록 빨리 온도를 낮춰 효모를 첨가하는 것이 관건이다. 현대의 공업적인 맥주 제조 공정에서는 열교환기를 사용해 보르트를 순식간에 식히고 순수 배양된 효모를 첨가한다.

효모는 보르트의 단순 당을 먹고 자라면서 알코올을 만든다. 발효가 시작되는 것이다. 그런데 효모는 얼마나 넣고, 맥아즙의 당분은 어느 정도가 적당할까? 이 시점에서 발효 이론이나 기술이 필요하다. 알코올 발효는 산소가 없는 조건에서 진행된다. 산소가 있으면 알코올을 만들지 않기 때문이다. 무산소 조건에서 열심히 알코올을 만들지만, 효모는 천천히 자란다. 그래서 보르트에 효모를 적게 넣으면 맥주 발효가 너무 오래 걸린다. 반면에 효모를 너무 많이 넣으면 발효는 빨리 진행되지만, 효모가 자라면서 소비하는 당분도 많다. 결과적으로 알코올 농도는 조금 낮아지고 맥주의 맛도 달라진다. 보르트의 당분이나 맥주의 종류나 효모 첨가량이 달라진다. 에일보다 라거를 만들 때 효모를 더 많아 첨가한다. 낮은 온도에서는 효모의 성장이나 알코올의 발효가 느리기 때문이다. 경험적으로 알아낸 효모 첨가량 계산법이 이미 널리 알려져 있다[8].

효모는 보르트에 녹아 있는 산소를 소비하면서 빠르게 증식한다. 이후 산소가 고갈되면 천천히 그러나 본격적으로 알코올 발효를 시작한다. 겉으로 보이진 않지만, 효모의 증식과 알코올 발효 2단계에 있는 셈이다. 보르트에 인위적으로 공기를 적절하게 불어 넣고 순수배양한 효모를 첨가하면 맥주 발효가 시작된다. 맥주 공장에서는 매번 새 효모를 사용하지 않는다. 대부분 6~7회 재사용한다. 같은 공장에서 만든 맥주라도 매번 조금씩 맛이 달라지는 이유다.

그렇다면 보르트의 당분은 어느 정도가 적당할까? 과거에는 당분의 양을 측정할 방법이 없었다. 사실 보르트에 포함된 당분의 양을 알 필요도 없었다. 그저 경험적으로 맛있는 맥주가 만들어지도록 몰트의 첨가량을 적절하게 조절할 뿐이었다. 산업 혁명과 함께 맥주도 공장에서 제조되고 외국으로 수출되면서 잘 상하지 않는 맥주가 필요했다. 따라서 몰트를 2배 첨가한 '2X' 혹은 3배 첨가한 '3X' 맥주가 등장했다.

한때 알코올 농도가 높고 홉도 많이 첨가한 강한 맥주가 유행했다. 현재의 임페리얼 스타우트Imperial Stout나 인디언 페일 에일의 원조쯤 된다. 공업적으로 맥주를 생산하면서 온도계와 비중계가 도입되고 맥주 제조 기술도 비약적으로 발전했다. 보르트의 당분도 비중계로 측정하기 시작했다. 현대의 발효 기술처럼 당분의 종류와 농도를 직접 측정하는 것은 아니지만, 당분의 농도가 높을수록 액체의 비중이 높아지기 때문에 계산이 가능하다. 예를 들어, 어떤 맥주의 맥아즙 비중이 처음에는 1.053인데 발효를 마치면 1.019로 줄어든다고 하자. 비중이 줄어든 만큼 당분이 낮은 것이고, 알코올의 농도는 반비례하여 증가한다. 이 맥아즙 차이를 가지고 인터넷에 공개된 맥주 계산기를 사용하면 알코올 농도가 약 5.3퍼센트라는 계산이 나온다. 맥주의 알코올 농도는 오리지널 그래비티Original gravity라고 부르는 보르트의 최초 비중으로 추정할 수 있다. 고중력 맥주라고 희한하게 번역되는 하이 그래비티High gravity 맥주는 몰트의 농도를 높여서 만든 2X 혹은 3X 맥주를 말한다. 알코올 농도도 당연히 높아진다.

야생성을 잃은 미생물

전통적인 방법으로 제조되는 술은 저절로 발효되어 만들어진다. 공기 중 야생 효모가 자라 알코올을 발효시키기 때문이다. 다만 술을 만들지 않는 다른 효모도 섞여 있다는 것이 문제다. 가끔은 충성스런 술 효모 대신 다른 잡균들이 더 많이 자라 술 빚기가 실패하는 경우도 있다. 자연 발효된 맥주의 독특한 맛으로 유명한 소규모 양조장도 있다. 매번 야생 효모가 자라는 것이 아니라, 발효 용기나 시설에 특별한 붙박이 효모가 자리 잡았기 때문이다. 오랫동안 같은 방식으로 술을 만들면서 특정 야생 효모가 우세하게 자라 숫자가 많아진 것이다. 잘 발효된 맥주를 다음 발효에 섞는 비법도 알아냈다. 미생물의 존재가 밝혀지기 전에도 이미 사람들은 효모를 다루는 방법을 어렴풋이 터득했다.

야생 효모는 야생성을 잃어버리고 사람이 만든 조건에 적응했다. 먹이가 부족하면 포자를 만들어 생존하는 능력도 퇴화했다. 사료에 익숙해진 애완동물처럼 맥아즙의 단순 당을 먹어 치우는 능력만 발달했다. 사람이 제공한 발효통에서만 잘 자라는 길들여진 효모가 된 것이다. 이렇게 발효 시설과 공존하는 효모를 페럴Feral 효모라고 한다. 양조 시설을 새로 들이거나 생산량을 늘리면 술맛이 달라지는 이유가 바로 페럴 효모가 없어지기 때문이다.

매년 같은 시설에서 같은 맥주만 만들면 큰 문제가 되지 않겠지만, 소비자의 입맛은 변하고 식품 제조 위생 기준도 계속 강화된다.

엄청나게 덥거나 추운 해를 넘기면서 페럴 효모가 자취를 감추기도 한다. 그래서 산업적으로는 알코올을 만드는 술 효모를 따로 분리하고, 순수배양된 술 효모를 사용한다. 항상 같은 맛과 품질의 술을 제조하기 위해서다. 다른 효모를 사용해서 여러 종류의 맥주를 제조할 때는 더욱 그렇다.

순수배양은 자연에 존재하는 수많은 미생물 중에서 한 종류만을 골라내어 배양하는 방법이다. 배양 접시에 살균된 한천배지(우뭇가사리에 영양분을 섞어서 굳혀 만든, 반투명의 세균 배양기)를 넣어 굳히고, 표면을 긁듯이 시료를 도포하고, 미생물을 분리해 키우는 방법이다. 미생물이 자라면 눈에 보이는 집락colony을 얻어 한 종류만 골라 낼 수 있다. 19세기 말 독일의 의사였던 코흐가 처음 제안했다. 코흐는 순수배양법으로 질병의 원인이 되는 병원균을 상당수 밝혀냈다. 미생물의 순수배양은 학부 교과 과정의 실험실습 과목에서 쉽게 배울 수 있는 간단한 실험 기술이지만, 당시에는 현대 의학의 비약적인 발전을 가져온 역사적인 사건이자 현대 미생물학의 출발점이기도 하다.

맥주 효모의 순수배양을 처음 시도하고 성공한 사람은 당시 칼스버그의 연구원이었던 에밀 크리스티안 한센이다. 칼스버그는 최초로 순수배양된 효모를 사용하여 맥주를 제조하기 시작했다. 순수배양된 효모를 사용하면 오염균을 원천적으로 배제할 수 있다. 따라서 맥주 발효가 실패할 확률이 현저하게 줄어든다. 발효 시간도 짧아지고, 맥주의 품질도 일정하게 유지된다.

한센은 순수배양 기술을 기반으로 1874년 자신의 이름을 딴 크리스티안 한센을 설립했다. 지금은 140년 전통을 가진 식품 미생물 분야의 최고의 기술 기업으로 성장했다. 유럽의 수많은 소규모 양조장 중 하나에 불과했던 칼스버그는 순수배양 기술을 도입해 지금의 유명 맥주회사로 성장할 수 있었다. 순수배양 기술은 맥주 산업의 판도를 바꿨고, 미생물 산업을 출발시켰다.

한센은 자신이 처음 분리된 라거 효모에 '사카로마이세스 칼스버그제네시스'라는 이름을 붙였다. 최근 유전자 분석을 통해 이 효모는 '사카로마이세스 세레비지에'와 '사카로마이세스 유바이아누스'의 교잡종으로 밝혀졌다[9]. 페럴 효모로 맥주 양조장을 지키던 세레비지에가 저온에서 잘 자라는 유바이아누스를 만나서 만든 자손이다. 경쟁 관계에 있던 독일에서도 라거 효모를 순수 분리했고, '사카로마이세스 파스토리아누스'라고 명명했다. 그러나 이것은 부모가 같은 교잡종으로 밝혀졌다. 라거 효모도 2개의 그룹으로 나뉜다. 칼스버그제네시스가 속한 사츠Saaz와 독일의 바이헨슈테판 맥주를 만드는 라거 효모가 속한 프로버그Frohberg 그룹이다. 부모가 같아 형제지만, 저온 발효 특성이 다르고 발효 향도 다르다.

유전자 정보를 분석하게 되면서 효모의 족보도 밝혀졌다. 라거 맥주를 제외한 나머지 술 효모는 대부분 사카로마이세스 세레비지에다. 와인 효모나 사케 효모 모두 같은 종이다. 유전 정보가 조금씩 다를 뿐이다. 여러 곳에서 수집된 효모의 유전자를 분석해 서로 가까운 정도를 나타내는 관계도를 보면 와인 효모끼리 혹은 사케 효모끼리 서로 모여 있다. 사람의 몸에서 발견된 사카로마이세스 세레비지에는 유전자의 유사성 측면에서 와인 효모와 사케 효모의 중간에 위치한다. 현재 상업적으로 사용되는 에일 효모는 16세기의 단일종에서 출발했다는 최신 연구가 있다.

맛없는 에일이 만들어진 통은 버리고 맛있는 맥주가 만들어진 통을 재사용하는 방법으로, 에일 효모가 선별되고 보관되는 과정이 반복되어 왔다. 야생 동물이던 개를 가축으로 길들였듯 효모도 술의 역사와 함께 가축처럼 길들여져 우리와 함께 살아온 것이다.

줄여서 브레트라고 부르는 '브레타노마이세스'도 알코올 발효 효모로, 사카로마이세스의 먼 친척뻘이다. 원래 레드 와인을 숙성시키는 오크통에서 발견되는 오염균이다. 와인 발효가 끝나면 술 효모는 더 자라지 못하는데, 브레트는 오크통의 목질 섬유소가 조금씩 분해되면서 생기는 물질을 먹이 삼아 계속 자란다. 어느 정도 자라는 것이야 상관없지만, 문제는 브레트가 알코올 발효를 하면서 불순물을 만들어 낸다는 데 있다. 특히 약품 냄새가 나는 에틸페놀과 같은 물질들을 만들어 와인의 품질을 떨어뜨린다. 와인에 아황산을 첨가하는 이유 중의 하나가 바로 이런 브레트의 성장을 억제하기 위한 것이다.

아이러니하게도 브레트가 만드는 향을 선호하는 와인 애호가도 있다. 와인 숙성 과정에서 브레트가 자라는 것이 좋은지 아닌지는 여전히 논란의 여지가 있다. 브레트 효모가 만들어 내는 맛을 선호하는 사람들이 있다 보니, 소규모 크래프트 맥주 중에는 만들 때 일부러 브레트를 사용하는 곳도 있다. 브레트를 이용해 술을 만들면 에틸페놀, 에틸구아야콜 그리고 이소발레릭산이 주된 향미 성분으로 같이 만들어진다. 에틸페놀은 반창고나 병원 소독제 냄새가 나는 성분이고, 에틸구아야콜은 베이컨 또는 훈제향이 난다. 이소발레릭산은 치즈 향이나 신 우유 맛이 나는 성분이다. 얼핏 보기에는 이상할 것 같은 조합이지만, 이들이 어우러져 만들어 내는 맛이 매력적이다. 이 때문에 일부러 브레트 맥주를 찾는 사람들도 있다고 한다. 또한 브레트는 초산도 일부 만들어 내기 때문에 마치 스타우트 맥주를 마실 때 느끼는 신맛을 내기도 한다.

예술적인
누룩의
발효 시간

동양의 술 베이스

동양의 술은 누룩으로 만드는 누룩술이다. 곡식은 포도나 사탕수수처럼 저절로 발효되지 않아 누룩을 거쳐야 술이 된다. 만일 곡식이 그냥 술이 된다면 문제가 될 수밖에 없지 않을까? 한편으로 아쉽지만, 다행한 일이다. 곡식이 바로 술이 되지 않는 이유는 술 효모가 곡식의 녹말을 먹지 못하기 때문이다. 앞에서 밝힌 대로 술 효모는 단순 당을 먹는 식성이 까다로운 미생물이다. 녹말이 단순 당으로 바뀌어야 비로소 술 효모의 먹이가 되고 알코올 발효가 일어난다. 녹말을 단순 당으로 분해하는 효소를 만드는 것이 바로 누룩곰팡이다. 이런 곰팡이가 자란 곡식이 누룩이다. 누룩은 동양 술의 출발이다. 우리나라 술은 물론이고, 중국의 황주부터 일본의 청주까지 모두 누룩을 기본으로 만든다. 동남아와 같이 더운 지방에서도, 곡주를 만들 때는 어김없이 누룩을 쓴다.

곡식은 서양 술을 만들 때도 쓰인다. 그러나 발아된 보리나 밀로 만든다. 누룩곰팡이 대신, 싹을 틔울 때 만들어지는 효소를 이용해 녹말을 단순 당으로 분해한다. 같은 보리인데 서양에서는 몰트로 맥주를 만들고, 동양에서는 곰팡이를 키워 누룩으로 술을 만든다. 보리는 다양한 기후 환경에서 잘 자라는 작물이다. 유럽에서는 주로 여름에 재배하지만, 우리나라에서는 겨울을 나는 작물이다. 밀도 비슷한 시기에 파종하고 봄에 수확한다. 고온다습한 여름에 누룩을 띄우고, 쌀농사에 집중할 수 있기 때문이다.

　반면 유럽의 겨울은 습하다. 보관이 허술하면 밀과 보리가 싹을 틔우기 쉽다. 싹을 틔운 발아 보리를 건조하다 몰트가 만들어졌을 개연성도 충분하다. 결국, 동양과 유럽의 기후 차이가 누룩과 몰트를 만들어 낸 것 같다. 제럴드 다이아몬드가 쓴《총, 균, 쇠》에서 언급한 인류 문명의 환경 결정론의 좋은 예다.

　누룩에 대한 기록은 기원전에 저술된《시경詩經》에 최초로 등장한다. 그러나 누룩의 종류와 제조법, 용도는 6세기경에 발간된 중국에 현존하는 가장 오래된 농업 기술서인《제민요술齊民要術》에 상세하게 소개되어 있다. 누룩의 종류로 동그란 원판형, 네모진 병국, 가루 형태의 산국 등이 언급되는데, 지금의 누룩과도 별반 차이가 없다. 우리나라의 전통 누룩도 분쇄한 밀이나 보리에 적당량의 물을 섞어 모양을 잡고 주로 틀에 넣어 원판 형태로 만든다. '술을 빚는다'는 말도 '송편을 빚는다'나 '도자기를 빚는다'처럼 어떤 형태를 만드는 것에서 유래한 듯 보인다. 누룩의 크기나 두께는 지방마다 다른데, 이는 기후가 다르기 때문이다. 누룩의 모양은 지역마다 조금씩 다

르지만, 누룩을 빚는 원리는 2,000년 이상 변하지 않고 그대로 전해
온 셈이다.

　누룩은 한자로 국麴이나 국麴이다. 좌변에 모두 보리 맥麥이 있다.
누룩의 원료가 맥류의 곡식이라는 것을 알려 준다. 보리는 대맥, 고
밀은 소맥으로 불린다. 우리 전통 누룩도 보리나 밀로 만든다.

　누룩 국麴은 보리 맥麥과 움킬 국匊자로 나뉘는데, 밀이나 보리를
움켜쥔다는 뜻이다. 보리나 밀가루에 물을 적당히 섞어 반죽하고
뭉쳐서 만든다는 것을 잘 표현한 한자다. 누룩 국麴의 파자는 맥麥과
곡曲이다. 그래서 국麴은 곡으로 읽기도 한다. 굽을 곡曲자는 '도리에
맞지 않는다' '변하다' 같은 뜻으로, 곡식에 곰팡이가 피었으니 잘못
된 것이고 오히려 술을 만드는 용도로 변하게 된 누룩을 정확하게
표현하는 한자다. 누룩을 다른 이름으로 '곡자'라고 부른다. 그래서
전통 누룩을 만드는 회사 이름이 진주곡자나 송학곡자인 것이다.
곡차는 술을 의미한다. 얼핏 곡식으로 만든 차라는 뜻으로 이해되
지만, 이면에는 누룩으로 만들었다는 의미가 숨어 있다.

　우리나라 전통주는 쌀로 만드는 것이라, 누룩 역시 쌀로 만든다
고 오해하기 쉽다. 누룩은 쌀이 아닌 보리나 밀 같은 맥류로 만든다.
쌀이 우리의 주식이 된 것은 조선 이후다. 그렇다고 쌀을 원료로 사
용한 누룩이 전혀 없는 것은 아니다. 조선의 명주로 알려진 이화주
는 쌀누룩을 사용했다. 배꽃향이 난다고 해서 이화주로 불리는데,
배꽃을 넣은 것이 아니라 쌀누룩을 띄워 얻어지는 향이다. 일본 코
지와 중국의 소국, 홍국도 쌀로 만든 누룩이다. 그러나 우리 전통 누

룩이나 중국 백주 누룩은 밀을 주원료로 사용한다. 한자의 유래에서 보듯이 맥류가 누룩의 원조다.

전통이 된 누룩곰팡이의 신비함

선조들의 삶에 스민 누룩은 소설의 주인공으로도 등장한다. 《국선생전麴先生傳》은 고려 문인 이규보가 누룩을 의인화해 쓴 가전체 소설이다. 주인공 이름은 국성麴聖이고 술이 솟아나는 샘터라는 주천酒泉 출신이다. 어머니의 성씨는 곡식 곡穀이고, 아버지 국차麴酢는 평원독우의 벼슬을 지냈다. 차酢는 맑은 술을 뜻하는데, 평원독우平原督郵는 저급한 술이나 탁주를 말한다. 시간이 지나면 좋은 술도 세상 풍파에 변질되고, 새로 누룩을 만든다는 뜻 같기도 하다. 또 이규보의 글보다 먼저 쓰인 임춘의 《국순전麴醇傳》에는 곡식을 빻아서 모양을 빚어 따뜻한 곳에 보관하는 누룩의 제조 과정이 묘사되어 있다. 과거 문인들도 누룩에 곰팡이가 피고 술을 만드는 신비함에 매료되었던 모양이다.

사실 누룩곰팡이는 오래전부터 우리 선조들과 동거해 왔다. 우리나라의 민간 신앙에는 집안신의 모습으로 등장했다. 과거에는 길흉사는 귀신이 좌지우지했다고 생각했다. 좋은 누룩을 만드는 것도 마찬가지였다. 집에서 빚는 가양주家釀酒가 일상이고, 이를 만드는 것은 집안의 중요한 일거리였다. 술뿐 아니라 메주나 간장, 된장도 마찬가지였다. 좋은 술맛이나 장맛을 위해 갖은 노력을 아끼지 않았다. 그중 하나가 누룩을 빚기 전, 성주신을 모시고 치성을 드리는 것이다. 성주신의 신체로 쌀이나 보리를 항아리에 넣거나 한지에 싸서 성주단지를 만들어 대들보나 높은 곳에 매달아 두었다. 술이나 장을 담글 때 몸을 정갈하게 하고 성주신에게 빌어야 집 안의 술과 장맛이 좋아진다고 생각했다. 성주단지를 풀어 길흉을 점치는 상황도 생겼다.

미생물학적으로 생각해 보면 이렇다. 집안을 떠돌던 누룩곰팡이 포자가 성주단지에 자리 잡고 자란다. 얼마 지나지 않아 성주단지 는 누룩곰팡이의 아지트가 된다. 누룩이 잘 얻어진 때에 모셔 둔 성 주단지에는 좋은 누룩곰팡이가 날아들었을 수도 있다. 성주단지에 서 자란 곰팡이는 포자도 퍼뜨리고, 다음번에 누룩을 만들 때 종균 을 공급하는 역할도 했다. 해를 거듭하면서 이런 과정을 반복해 온 것이다. 결과적으로 특정한 누룩곰팡이가 성주신으로 자리 잡게 된 것이다. 과학적 원리는 몰랐지만, 성주신을 모시는 행위로 좋은 누 룩곰팡이를 골라내고 유지할 수 있었던 것 같다. 양조 기술이 겉으 로 드러나지 않고, 전통문화에 녹아든 것이다.

겉으로 전통문화의 모습을 하고 있지만 발효 음식의 맛을 지키 는 집안신의 실체가 바로 누룩곰팡이였다. 집안신으로 정성껏 모셨 던 성주신이나 부엌신, 터주가 발효 미생물의 거점이자 종균 보관 소 역할을 했다. 오래도록 변함없는 장맛 혹은 술맛을 유지할 수 있 었던 비법이었다. 좋은 누룩 미생물을 얻으려는 인간의 노력이 집안신이라는 그럴듯한 방법을 찾게 만든 것이다. 집안신이라는 가상의 존재 때문에 수십 년, 길게는 수천 년에 걸친 인간의 손길을 통해 선별된 가장 좋은 미생물들이 동네마다, 집집마다 자라면서 인간과 공생하고 구석구석 포자를 퍼뜨려 변함없는 술맛, 변함없는 장맛을 만들었던 것이다.

술과 인간과 곰팡이의 관계

누룩이 곰팡이라니, 혹시 위험하지는 않을까? 우리는 곰팡이가 핀 음식을 먹으면 배탈이나 식중독을 일으킨다고 알고 있다. 심지어는 곰팡이 중에는 암을 일으키는 아플라톡신을 생산하는 종류부터, 각종 질환을 일으키는 것도 많다. 반면에 위험하지 않은 곰팡이도 많다. 유럽의 어떤 치즈는 곰팡이가 만들어 내는 독특한 향미 때문에 고급 기호 식품으로 유명하다. 또한 우리 역시 곰팡이가 핀 누룩이나 발효 식품인 된장이 식품으로서 아무 이상이 없고, 오히려 건강에 좋은 식품이라는 사실을 오랜 경험을 통해 잘 알고 있다. 그러면 인간은 어떻게 해로운 곰팡이와 유익한 곰팡이를 구분해서 사용할 수 있었을까?

과거에는 지금과 같이 청결한 환경에서 곡식을 보관할 수 없었다. 적당한 습도와 기온은 적당하다면 곰팡이가 자라는 데 더할 나위 없이 좋은 환경이다. 아마 당시에는 저장해 둔 곡식에 곰팡이가 생기는 일이 자주 있었을 것이다. 곡식을 먹어 보고 탈이 나서 버리 거나 하는 식의 시행착오가 오랫동안 반복되었을 것이다. 곰팡이 가 피지 않게 장기간 곡식을 저장하는 방법이 점차 발전하면서, 어 떤 곰팡이는 오히려 도움이 된다는 사실을 알게 되었다. 예를 들어, 독성을 가진 곰팡이가 저장된 곡식에서 자라면서 사람과 먹을 것을 두고 경쟁한다고 가정해 보자. 사람이 이 곡식을 먹고 탈이 났다면 모두 버릴 것이다. 단기적으로는 독을 가진 곰팡이가 승리한 것처 럼 보인다. 아마 곰팡이들은 버려진 곡식을 먹어 치우며 잔치를 벌 일 것이다. 그러나 창궐한 곰팡이는 먹을 곡식이 없으면 한꺼번에 굶어 죽는다. 이러한 과정이 반복되면 나쁜 곰팡이들은 더 이상 인 간과 공존하지 못하고 사라지게 된다.

인류는 오랫동안 술을 빚어 오면서 계속 좋은 누룩곰팡이를 선별 하고, 공생의 길을 걸어왔다. 리처드 도킨슨은 《이기적 유전자》에서 생명체의 본질은 유전자를 보존하기 위해 최적의 선택을 하고, 같 은 공간에 있는 다른 종보다 빨리 번식해 살아남는 것이라고 주장 했다. 아울러 그 최적의 선택이 다른 생명체에게도 도움이 될 때 종 을 유지하는 데 유리하다고 설명하고 있다. 곡식에서 자란 곰팡이 가 독성이 있거나 고약한 냄새를 내는 등 인간의 기호에 반한다면, 인간의 간섭으로 퇴출당할 수밖에 없을 것이다. 반면 인간에게 이 롭게 진화한 유익한 곰팡이는 인간의 도움으로 더욱 잘 살아남을 수 있을 것이다. 그리고 결론적으로 인간과 누룩곰팡이는 저장 곡 물을 사이에 둔 공생관계를 형성해 왔다. 진화를 통해서든 우연한 돌연변이를 통해서든 간에. 결과적으로 농경이 시작되면서 인간과 술·누룩·곰팡이는 오랜 공생관계를 시작하게 된다.

세균이 자라는 축촉한 환경

누룩곰팡이가 핀 누룩은 상하지 않을까? 아니면 이미 상한 것일까? 냉장고에 넣어 둔 밥이나 빵에 곰팡이가 자란다고 누룩이 되지는 않는다. 십중팔구 식중독을 일으킬 수 있다. 식중독을 일으킬 수 있는 세균이 같이 자랄 수 있기 때문이다. 잘 띄운 누룩에는 누룩곰팡이가 주로 자라고, 세균은 잘 자라지 못한다. 누룩에 곰팡이만 피고 세균이 잘 자라지 않는 이유는 수분을 조절해서 만들었기 때문이다. 분쇄된 곡식 1킬로그램으로 누룩을 만들 때 대체로 물을 250밀리리터 정도 넣는데, 수분이 그 이상이면 세균이 자라기 쉽다. 반면에 수분량이 너무 적으면 누룩을 형성하기도 어렵고, 곰팡이도 잘 자라지 않는다. 기후에 따라 누룩곰팡이가 잘 자랄 수 있는 곡식의 종류나 분쇄 정도, 누룩의 모양과 크기에 대해 알게 되었을 것이다. 잘 만든 누룩은 수분을 필요한 만큼 머금어 누룩곰팡이가 주로 자라고 세균은 증식하지 못하는 환경을 만든다.

세균은 자라지 않고 곰팡이가 주로 자라는 경계를 가르는 과학적인 기준은 '수분 활성도'다. 수분 활성 또는 물 분자가 활동할 수 있는 정도를 말한다. 이를테면, 소금물의 물 분자는 소금의 나트륨과 염소 이온이 붙들고 있다. 이 상태로는 자유롭게 물 분자의 역할을 하지 못한다. 순수한 물보다 덜 증발하고, 끓는점도 상승한다. 소금이 들어 있는 만큼 수분 활성이 낮아져서, 바닷물을 마셔도 갈증을 해소할 수 없는 이유가 바로 이런 점 때문이다. 이온의 방해로 물 분자가 위벽을 통과하지 못해 체내로 흡수되지 않는다. 오히려 몸속 수분이 빠져나가 나트륨과 염소 이온에 잡혀 버린다. 따라서 염분이 많은 소금물은 탈수 증상을 일으킨다.

곰팡이는 수분 활성도가 낮아도 상관없지만, 세균은 수분 활성도가 높아야 자란다. 그렇다면 세균과 곰팡이는 어떻게 다르기에 수분 활성도가 생존의 경계를 가를까?

곰팡이는 세균보다 복잡한 구조를 가진, 생물학적으로 고등한 미생물이다. 세균과 곰팡이를 구분 짓는 가장 큰 특징은 내부 구조다. 세균은 내부가 단순하고, 곰팡이는 내부가 복잡하다. 세균은 마치 이것저것 넣어 둔 주머니와 같다. 세균의 내부는 여러 물질이 그냥 섞여 있는 액체를 세포막이 둘러싸고 있지만, 곰팡이는 핵과 미토콘드리아 같은 여러 소기관으로 이루어져 있다. 세균이 단칸방이라면 곰팡이나 효모는 방, 거실, 부엌 등으로 구분된 집에 해당한다. 우리가 사는 집이 공간마다 용도가 다르듯이 각각의 소기관도 제각기 다른 기능을 한다. 효모가 단독 주택이라면 곰팡이는 건물이다.

곰팡이 세포들은 서로 연결되어 그물망과 같은 균사를 만들면서 자란다. 균사는 누룩 속으로 파고 들어가 전체에 고르게 퍼져 마치 하나의 생물체처럼 서로 도우며 자란다. 곰팡이 세포 하나하나는

현미경으로 봐야 할 정도로 작지만, 균사는 현미경이 없어도 육안
으로 확인 가능하다. 곰팡이 세포가 하나하나가 연결되어 섬유 같
은 구조를 형성하기 때문이다. 오래된 빵이나 곡식의 표면에 솜털
처럼 자란 것이 바로 곰팡이 세포의 연결이다. 곰팡이 세포는 세균
과 내부 구조가 다를 뿐만 아니라, 세포막의 종류도 달라서 수분을
흡수하는 능력도 다르다. 환경에 적응하는 능력도 뛰어나다. 수분
이 적은 환경에서도 자라도록 진화했다.

　누룩은 수분 활성도를 0.8 정도로 제한해서 만든다. 세균은 자라
지 못하고, 누룩곰팡이만 주로 자란다. 세균은 수분 활성도가 대체
로 0.9 이상이 되어야 자라기 때문이다. 식중독균이 자라는 고기나
생선 혹은 과일은 모두 수분 활성도가 높다. 시간이 지나면 상한다.
생선을 소금에 절여 말리는 것도 수분 활성을 낮추려는 방법이다.
누룩은 처음부터 세균이 자라기 어려운 정도로 수분을 조절하여 상
하지 않게 만든 것이다.

막걸리와 청주의 미생물학

내친김에 미생물의 세계로 한 발 더 들어가 보자. 대표
선수에 해당하는 누룩곰팡이는 보통 털곰팡잇과의 곰팡이를 의미
하는 리조푸스Rhizopus나 곰팡잇속이라고도 불리는 아스페르길리루
스Aspergillus에 속한다. 최근 우리나라의 전통 누룩에 관해서도 과학

적인 연구가 진행되고 있는데, 전통 누룩에는 대부분 리조푸스와 아스페르길루스가 같이 존재하는 것을 확인했다[1].

　리조푸스와 아스페르길루스는 누룩에서 많이 발견된다는 공통점이 있지만, 다른 점도 매우 많다. 리조푸스는 자라면서 조건에 따라 젖산을 만들어 내는 반면, 아스페르길루스는 구연산을 만든다. 리조푸스가 많은 누룩술은 젖산이 많아 요구르트를 마실 때처럼 부드러운 크림 느낌의 신맛이 나고, 아스페르길루스가 많은 누룩술은 청량감을 주는 신맛이 난다. 실제로 막걸리에서 나는 신맛은 대부분 젖산과 구연산 때문이다. 막걸리를 마실 때 신맛을 기억해 둔다면 맛을 평가할 수 있는 첫 단계에 입문한 것이다. 이외에도 누룩에는 털곰팡이인 무코르속Mucor과 잡합균류인 아브시디아속Absidia 같은 곰팡이도 많다. 아브시디아속은 대표적인 기생형 누룩곰팡이로, 원래는 스스로 효소를 만들어 녹말이 분해될 때 생기는 당분을 먹고 자란다. 하지만 주변에서 리조푸스나 아스페르길루스가 효소를 분비해 당분을 만들면 아브시디아속은 효소 만들기를 멈춘다. 스스로 당분을 만들어 먹기보다는 다른 누룩곰팡이가 만든 당분을 얻어먹는 생존 방식을 택하는 것이다. 그런데 누룩에서는 아브시디아속 곰팡이의 숫자가 가장 많다. 일하는 사람보다 놀고먹는 사람이 더 많은 상황이다. 그러나 고두밥에 누룩을 넣고 술을 담그는 시작하면 아브시디아속의 숫자는 급감한다.

　일본 청주는 쌀누룩을 사용해 만든다. '코지'라고 부르는 일본식 쌀누룩은 증기로 찐 밥에 누룩곰팡이의 한 종류인 황국균을 첨가해 만든다. 잘 자란 누룩곰팡이 포자를 모아 종균으로 재사용하는 방식이다. 황국균은 코지 종균으로 오래 사용되었고, 순수배양을 통해 아스페르길루스 오리제Aspergillus oryzae라는 단일종으로 얻어 사용되고 있다. 여기서 오리제는 쌀을 지칭하는 라틴어다. 그래서 아스페르길루스 오리제는 쌀에서 자라는 곰팡이라는 뜻의 학명을 가진 종이다. 황국균은 코지균이라는 뜻인 코지킨Koji-kin으로도 불린다. 코지킨은 포자 상태로 보관하면 약간 거무튀튀한 갈색을 띠지만, 밥알에서 흰색의 균사를 뻗어가면서 자란다. 균사가 밥알 속으로 파고 들어가면서 지리는데 밥알이 대부분 하얀 군사로 덮이면 코지가 완성된 것이다.

그래서 같은 황국균이지만 다른 종의 곰팡이도 존재한다. 종균으로 판매하는 흑국균이나 백국균이다. 백국군은 황국균이나 흑국균이 색소를 만들지 않는 돌연변이가 분리된 것이다. 막걸리 누룩을 만들 때 사용하는 종국 백국균의 학명은 아스페르길루스 가와치 혹은 아와모리다[2]. 소주용 누룩을 만드는 누룩곰팡이도 여러 종류가 분리되어 학명이 정해졌다. 쌀누룩은 미소 된장을 만들 때도 사용된다. 우리나라에서는 콩을 삶아 메주로 만들어 장을 담그지만, 미소 된장은 삶은 콩과 코지를 반씩 섞어 발효시켜 만든다.

고두밥에서 벌어지는 각축전

누룩 미생물은 리조푸스, 아스페르길루스, 아브시디아속

같은 곰팡이 종류지만, 누룩에는 당분을 얻어먹고 자라는 미생물이 다양하다. 이 중에는 나중에 알코올 발효의 주역이 되는 효모인 사카로미세스와 젖산균도 있지만, 나머지는 술을 만드는 과정에서 필요 없는 미생물들이다. 특히 세균은 수분이 적은 누룩에서 거의 자라지 못하고 목숨만 부지하는 형편인데, 술을 담그면 상황이 달라진다. 술 담그기는 누룩과 고두밥을 섞고 물을 첨가하면 된다. 물속에서 세균은 곰팡이보다 빨리 자라면서 많은 양분을 섭취하기 위한 미생물의 각축전을 펼친다.

　수중전에서는 곰팡이보다 번식 속도가 빠른 세균이 우세하다. 특히 질산을 아질산으로 바꾸는 질산 환원균이 가장 먼저 자란다. 그런데 아질산의 독성 때문에 다른 미생물들은 잘 자라지 못한다. 이 욕심쟁이 세균은 아질산을 만들어 다른 미생물들을 죽이고 혼자 먹을 것을 독차지하려고 진화했다. 하지만 뛰는 놈 위에 나는 놈이 있는 법. 젖산균은 아질산이 있어도 잘 자란다. 게다가 젖산균은 당분을 재빨리 젖산으로 만들어 주변을 강한 산성 환경으로 바꾼다. 자신을 제외한 다른 미생물의 활동을 억제하거나 죽여서 먹을 것을 독점하기 위해서다. 주변 환경이 산성이 되면 세균의 시대는 끝나고 효모가 자라기 시작한다. 이때부터 본격적으로 알코올이 생성된다.

　누룩술의 담금에서는 녹말 분해와 발효가 동시에 진행된다. 누룩 곰팡이가 분비한 녹말 분해 효소는 녹말로 당분을 만들고 동시에 효모는 이것을 발효시켜 계속 알코올을 만든다. 누룩술은 누룩곰팡이가 만든 효소가 충분해야 당분이 잘 만들어지고, 알코올 발효도 활발하다. 누룩이 충분해도 효모가 덜 자라면 발효가 늦는다. 결국, 누룩과 효모의 균형이 중요하다. 누룩과 곡식의 비율에 따라 맛이나 향이 전혀 다른 술이 탄생한다. 누룩도 몰트처럼 두 종류의 녹말 분해 효소를 만든다. 알파효소는 녹말 분자의 중간을 끊어 짧게 만든다. 글루코아밀레이스는 녹말 분자의 끝에서 포도당을 잘라 낸다. 알파효소와 글루코아밀레이스의 균형도 중요하다. 효모가 자라는 데 필요한 단백질도 공급해 주어야 한다. 단백질 분해 효소가 곡류의 단백질을 분해하면 아미노산이 생긴다. 효모는 이 아미노산을 먹고 자란다. 온도가 낮으면 단백질 분해 효소가 유리하고, 온도가 높으면 녹말 분해가 활발해진다. 온도를 조절해서 효모의 성장과 알코올 발효의 균형을 맞춰야 한다. 누룩술의 발효 과정은 상상 이상으로 복잡하다.

고릿한 누룩 향의 호불호

누룩술의 향과 맛이 누룩에 따라 달라지는 것은 당연하다. 그러나 실은 누룩 향은 잘 남지 않는다. 오히려 발효 향이 짙게 남는다. 발효하는 동안 누룩 향이 대부분 사라지기 때문이다. 발효하는 동안에 효모가 만드는 탄산 가스와 함께 누룩 향은 날아가 버린다. 휘발하지 않은 향만 약하게 남는다. 효모가 누룩 향을 먹거나 분해할 수도 있다. 그렇다고 누룩 향이 완전히 없어지는 것은 아니지만, 효모가 만드는 고급 알코올의 발효 향이 누룩술의 중심이고 누룩 향은 약하게 남아 있다. 곡식을 추가하지 않고 누룩으로만 담근 전국술은 누룩 향이 강하고, 누룩을 적게 사용하는 소곡주에는 고급 알코올 향이 대부분이다.

　누룩마다 향이 얼마나, 어떻게 다른지 사람의 감각으로 구별하기 어렵다. 질량 분석 가스 크로마토그래프 같은 화학 분석 장치의 힘을 빌려야 한다. 누룩곰팡이가 자란 코지와 누룩곰팡이에서 분리된 효소로 분해한 쌀을 비교해 코지에서 뚜렷한 향 물질 5종을 밝혔다[3]. 그중에 버섯 향을 내는 옥테논과 장미꽃 향의 페닐아세트알데하이드 가장 두드러졌다.

　우리 전통 누룩의 향은 코지와 어떻게 다를까? 전통 밀 누룩의 휘발성 향 성분을 아스페르길루스 가와치를 사용한 코지와 비교한 연구 결과에서는 6종의 향 성분의 차이가 뚜렷했다[4]. 그중에서도 메톡시비닐페놀과 하이드록시부타논 같은 물질은 우리 전통 누룩에서만 확인되었다. 사케 코지의 아로마와 직접 비교한 연구 결과는 없지만, 누룩곰팡이와 미생물 균총이 다양하게 들어 있는 전통 누룩의 향 성분은 사케 코지와 매우 달랐다. 누룩 비율이 높을수록 막걸리 색은 짙어진다. 흰쌀 비중이 높은 막걸리는 그대로 백색이다. 비교해 보면 누룩 향을 감상할 수 있다.

숨결에 남는 고급 알코올

향기 없는 과일은 있어도, 향기 없는 술은 없다. 모든 술에는 본연의 향기가 존재한다. 술 알코올인 에탄올이 아니라 고급 알코올 때문이다. 전날 밤늦게까지 마신 술꾼의 숨결에서 묻어나는 술 냄새가 바로 고급 알코올 때문이다. 술 알코올은 원래 냄새도 없을뿐더러 밤새 간에서 분해되어 이미 사라진다. 반면에 고급 알코올은 잘 분해되지 않아 호흡을 따라 뿜어져 나온다. 몸속에서 분해되지 않고 남아 있기에 숙취의 원인으로 의심받는다. 양이 적거나 많을 뿐, 고급 알코올이 없는 술은 없다. 따로 정제하지 않는 한 고급 알코올이 전혀 없는 술을 만들 수는 없다. 효모의 알코올 발효는 항상 미량의 고급 알코올을 동시에 만들기 때문이다.

고급 알코올이 필연적인 이유는 효모 대사 활동의 일부이기 때문이다. 고급 알코올은 대사 활동의 부산물이다. 포도의 아미노산은 효모가 자라는 데 필수적인 영양소다. 효모가 먹고 자신에게 필요한 단백질을 만든다. 이때 일부 아미노산은 분해되어 고급 알코올로 바뀐다. 일종의 '효소 오작동'이 원인인 셈이다. 아미노산에서 암모니아를 떼 버리거나 탄산을 제거한다. 이후 공기가 없는 조건에서 환원되어 고급 알코올로 변한다. 효소의 오작동은 아주 낮은 확률로 일어나서 수십 ppm 수준의 고급 알코올이 만들어진다. 필수 아미노산인 페닐알라닌은 페닐에틸알코올로, 발린은 이소부틸알코올로, 류신leucine은 이소아밀알코올로 바뀐다. 아미노산이나 단백질이 많으면 고급 알코올도 많이 생성된다.

고급 알코올은 효소의 작용으로 혹은 천천히 고급 알코올 에스터로 바뀐다. 고급 알코올 에스터는 강한 향을 낸다. 일본 사케의 향도, 수제 맥주의 꽃향기도, 전통주인 이화주의 꽃향기도 모두 효모가 만드는 고급 알코올의 에스터 화합물 때문이다. 수제 맥주나 공장에서 마시는 갓 출하된 맥주에서 가끔 꽃향기를 느낄 때가 있다. 드물게 상큼한 과일 향도 난다. 감각이 뛰어난 사람은 느끼는 향기 종류도 많고, 장미 향이나 살구 향이라고 특정하여 알아낸다. 이화주 역시 살구나 장미꽃 잎으로 담그지도 않았는데 어떻게 맥주에 이런 향기가 숨어 있을까? 우리 뇌가 꽃향기라고 착각한 것인가? 착각이 아니다. 진짜 꽃향기가 맞다. 효모도 꽃향기 물질을 만들기 때문이다. 향기만 같은 것이 아니라 화학적으로 같은 물질이다. 장미꽃도 세포들이 모여 만들어진 것이고 효모도 세포라 대사 활동이 비슷해서다. 분자 구조까지 같은 화학 물질을 만들기 때문이다. 고급 알코올의 종류에 따라 향기가 달라질 뿐이다.

저마다 다르게 느끼는 술의 향

술의 향기에 걸맞게 고급 알코올이라 불리지만, 실은 위험한 알코올이기도 하다. 고급 알코올은 많이 마시면 죽을 수도 있다. 술에는 극미량 들어 있어 그런 일이 일어나지 않을 뿐이다. 미량 존재하지만 과음하면 숙취로 고생한다. 고급 알코올은 일단 우리 몸에 들어오면 분해되거나 배출하는 데 오래 걸리기 때문이다. 그래서 숙취의 원인 중 하나다.

고급 알코올은 동전의 양면 같은 존재다. 앞서 이야기했듯이 고급 알코올에서 만들어지는 에스터 화합물은 꽃향기나 과일의 향기를 내는데, 고급 알코올이 있다고 모두 에스터 화합물로 바뀌는 것은 아니다. 일부만 향을 내는 에스터 화합물로 바뀐다. 고급 알코올과 고급 알코올 에스터는 일정 비율로 공존할 수밖에 없다. 숙취를 줄이려면 고급 알코올을 줄여야 하는데, 그러자니 술 본연의 향도 같이 사라진다. 향기는 대가를 치르게 마련이고, 숙취의 굴레를 벗어나기는 쉽지 않다.

사케를 만드는 쌀을 지나치게 깎아 내는 것도 고급 알코올을 줄이는 방법이다. 단백질은 낱알의 겉 부분에 많고 중심부로 갈수록 적다. 낱알을 깎아 낼수록 단백질은 줄어들고 고급 알코올은 적게 생긴다. 숙취를 줄이는 방법이다. 대신에 고급 알코올 에스터 화합물의 비율이 높아지도록 저온에서 오래 발효한다. 고급 알코올 에스터 합성을 촉진하는 알코올 아세틸 전이효소는 열에 약하기 때문이다. 고급 알코올과 고급 알코올 에스터는 조성이나 농도에 따라 과일 향이나 꽃 향이 나지만, 농도나 조성이 달라지면 불쾌하고 자극적인 냄새로 느껴지기도 한다. 다음 날 아침에 고급 알코올의 향을 거북하게 느끼는 사람도 많다. 사람마다 술 취향이 다른 이유다.

술은 맛보다 향에 따라 취향이 갈린다. 술의 향에 끌리기도 하지만 거부감이 들기도 한다. 맛은 사람마다 느끼는 바가 비슷하다. 내게 신맛은 다른 사람에게도 신맛이고, 서양 사람의 입맛에도 신맛이라는 의미다. 그러나 향기는 좀 다르다. 우리에게는 맛있는 음식 냄새가 외국인에게는 역겹게 느껴질 수도 있고, 반대의 경우도 많다. 맛이 아니라 향이 생소하기 때문이다. 맛은 어느 정도 세계 공통이라고 할 수 있지만, 향은 인종이나 문화에 따라 선호도의 격차가 크다. 심지어 같은 문화권에서도 사람에 따라 호불호가 갈리는 향도 있다. 중국이나 동남아 음식에 들어가는 향신료인 고수의 향이 대표적이다. 아예 먹지 못하는 사람도 있는가 하면, 즐기는 사람도 많다. 사람마다 유전자가 다르기 때문이다[5]. 고수를 우리 사투리로 '빈대풀'이라고 하는데, 노린내나 빈대 냄새가 나서 붙은 이름이다. 도시화 세대들은 고수에서 비누맛이 난다고 말한다. 실은 맛이 아니라 향인데 말이다. 향은 사람마다 다르게 느낀다.

 ## 사케의 신맛에 대하여

누룩술은 와인보다 신맛이 덜하다. 누룩곰팡이도 유기산을 만들지만, 포도의 유기산보다는 적기 때문이다. 흥미로운 점은 와인이나 누룩술에서 발견되는 유기산의 종류가 비슷하다는 것이다. 양쪽 모두 젖산, 호박산, 능금산, 구연산을 공통으로 발견할 수 있다. 함량이나 구성이 조금씩 다를 뿐이다. 누룩곰팡이나 포도는 세포로 구성된 생명체이고, 생화학적으로 세포의 기본 대사 활동은 비슷하다. 오히려 당연한 현상이다. 누룩곰팡이는 종류마다 혹은 배양 조건에 따라 만드는 유기산 종류가 달라질 뿐이다. 그래서 누룩이 다르면 당연히 술맛에도 차이가 난다. 화학 분석을 통해 유기산의 함량을 종류별로 모두 알 수 있지만, 간단히 유기산의 총량을 측정할 수 있다. 유기산을 중화시키는 데 필요한 알칼리의 양을 측정하고 대표적인 유기산으로 환산해서 표시한다. 사케의 뒤쪽 라벨에 표시된 산도Acidity가 바로 유기산 총량이다. 사케의 산도는 1~2 사이의 값을 가진다. 술 1리터에 포함된 유기산을 모두 젖산의 무게(그램)로 환산한 값이다. 막걸리는 0.2~0.7, 와인은 5~9 정도다. 산도가 높을수록 신맛이 강한 술이라는 뜻이다.

　술마다 다른 독특한 신맛은 누룩곰팡이가 만드는 여러 유기산이 어우러져 내는 맛이다. 신맛의 감각은 다른 맛보다 온도에 더 많은 영향을 받는다. 유기산에 따라 조금씩 다르지만 대체로 상온에서 가장 높고, 차거나 뜨거우면 신맛은 약해진다. 차갑게 마시면 처음에는 날카로운 신맛이 줄어든다. 입안에서 데워지면서 신맛이 서서히 느껴진다. 오히려 목으로 넘긴 다음에 혀에 남은 술에서 신맛이 난다. 이런 경우 뒷맛이 인상적인 술이 될지 모른다. 이러한 이유로 사케도 차갑게 마시거나 데워서 마신다. 신맛은 단맛이 잘 어우러진 술이다. 일본 사케 라벨에는 산도뿐만 아니라 당도도 표시되어 있다. 당도 값이 아니라 일본주도日本酒度라는 이름으로 표시한다. 그런데 일본주도가 높을수록 드라이하고, 낮을수록 단맛이 난다. 아

예 그래프가 붙어 있는 사케도 있다. 그래서 달고 신 사케부터 드라이하고 신맛이 적은 사케까지, 4가지로 나눈다.

집집마다 담갔던 한국의 가양주

과거에는 집에서 만들어 마시는 가양주가 많았다. 집마다 당연히 만드는 술이라 따로 이름을 붙일 필요도 없었고, 그러지도 않았다. 술 담그는 법은 구전으로 사람과 사람을 통해서 전해졌다. 혹여 술맛이 뛰어나다는 소문이 호사가들이나 술깨나 한다는 한량들의 입을 통해 회자되면 비로소 그 술에 이름이 붙고, 문헌에 기록으로 남았다. 주로 술 제조법이나 원료가 표시된 이름이 대부분이다. 현대의 브랜드처럼 멋있는 술 이름도 많다. 《임원십육지林園十六志》《음식디미방閨壺是議方》《증보산림경제增補山林經濟》《주방문酒方文》같은 옛 문헌에는 무려 300여 종에 달하는 술 제조 방법이 남아 있다.

옛날 사람들은 과연 어떤 이름의 술을 빚었을까? '삼해주三亥酒'라는 술이 있다. 12간지에서 돼지를 뜻하는 해亥자를 사용해 삼해주라고 하는데, 그렇다고 돼지를 넣어 만든 술은 아니다. 쌀과 누룩만을 사용해서 빚는 술로, 매년 정월 첫 돼지일에 담그고 다음 돼지일에 덧술을 반복하는 방식이다. 하필이면 돼지일에 술을 담갔을까? 인위적으로 온도 조절을 할 수 없었기 때문이다. 천수답에 비가 오길 기다리듯이 적당한 기후에 의존할 수밖에 없었다. 그래서 같은 삼해주라 하더라도 지역에 따라 제법이 다르다.

《동의보감東醫寶鑑》에는 약이나 치료법뿐만 아니라 술도 소개되어 있는데, '무술주戊戌酒'라는 술이 있다. 무술주라니, 권법 이름 같지만 60간지의 무술戊戌을 의미한다. 개 술戌자를 써서 무술주다. 쌀과 누룩을 섞어 발효시킬 때 개를 고아서 그 진액을 넣어 함께 발효시켰다. 동물 보호나 윤리적 관점을 떠나 발효 과학의 관점에서 보아도 그다지 어울리는 조합은 아니다. 단백질이 너무 많아 위험한 세균이 자랄 가능성이 크다. 발효 과정에서 단백질이 분해되면서 생기는 요소가 알코올과 결합하여 에틸카바메이트라는 발암 의심 물질도 생긴다. 그래도《동의보감》에는 빈속에 한 잔씩 마시면 원기를 보한다고 되어 있다. 영양 섭취가 부족했던 시절에나 해당하는 이야기라고 생각한다.

《조선왕조실록》[6]에도 이화주, 삼해주, 계명주, 송자주 같은 전통주의 이름이 드물게 등장한다. 대부분 약주라고 통칭하는데, 예외적으로 이화주는 실록에 세 차례 등장하는 것으로 보아 특별한 술이 아니었을까 추측할 뿐이다. 그래서 전통주 중에서도 인기가 높으며, 전통 이화주를 연구하거나 재현하는 사람도 많다.

 동의보감에 적힌 전통주

누룩, 물, 곡류만 넣어 만든 순곡주는 단양주, 이양주, 삼양주로 분류된다. 한 번 발효된 밑술에 쌀이나 곡식을 더 넣는 것이 덧술인데, 덧술을 하지 않고 처음부터 독을 누룩과 쌀로 채워 발효시킨 술을 단양주라고 한다. 덧술을 한 번 첨가하여 만든 술은 이양주, 한 번 더 첨가하면 삼양주다. 덧술을 첨가하면 발효가 계속되고 알코올 농도는 올라간다. 단양주의 알코올 농도는 맥주나 막걸리 수준이고, 이양주는 10퍼센트를 넘을 것으로 추정한다. 삼양주의 알코올 농도는 효모의 알코올 내성에 가까운 15퍼센트 정도일 것이다. 저온에서 장기적으로 발효시키거나 알코올 내성이 높은 페럴 효모가 자라면 알코올 농도가 더 올라갈 수 있다. 순곡주는 필요에 따라 밑술에 술덧을 더하면서 만들었다.

《동의보감》《음식디미방》《주방문》 같은 17세기 문헌에서부터 전통주를 찾아 분류해 보면 단양주는 24종, 이양주는 이보다 많은 42종, 삼양주와 사양주는 합쳐서 7종이다[7]. 비율로 보자면 이양주 종류가 가장 많다. 이양주에는 하향주, 향온주, 유화주, 석탄향, 만년향, 당백화주, 벽향주, 감향주처럼 꽃 화化 자나 향기 향香 자가 들어간 술이 많다. 또 맑은 술이라는 뜻의 녹파주, 청명주, 황금주, 백로주 같은 이름도 있다.《세종실록》에는 황금빛 장명주도 등장한다. 짐작해 보면 전통 약주는 향이 강한 맑은 술일 가능성이 크다.

옛 문헌에는 순곡주뿐만 아니라 약용가향주도 있다. 순곡주는 누룩과 물과 곡류만 넣어 만든 술이다. 약용가향주는 누룩을 넣어 발효시키는 과정을 토대로, 여기에 각종 첨가제를 넣어 다양하게 만든 술이다. 과일이나 약초 심지어는 육즙까지, 지역마다 계절마다 첨가할 수 있는 재료가 많아 다양한 전통주가 만들어졌다. 약용곡주는 오가피주, 구기주, 무술주, 지황주 등과 같이 한약재를 첨가해만든 술이다. 가향곡주로는 송액주, 송절주, 송화주, 송자주, 송령주처럼 소나무나 잣 추출 가향주부터 국화주, 도화주, 두견주가 소개되어 있다.

옛 문헌을 근거로 하거나 전통식품명인 제도를 통해 전통주나 민속주의 제조가 점점 가능해지고 있다. 최근 2017년부터 전통주의온라인 판매가 가능해졌다. 주세도 낮은 편이다. 그러나 주류 시장에서 존재감은 미미하다. 전통주 복원 사업의 테두리를 벗어나지못하는 이유도 있을 것이다. 과거의 의복을 고증하여 재현해도 현대사회의 일상복이 되기 어려운 이유와 마찬가지다. 몇 세기가 바뀌는 동안 우리의 술 문화도 취향도 변했다. 일상에서 마시는 술은산업 사회 문화와 경제생활에도 어우러져야 한다. 물론 음식 문화와도 맞아야 한다. 자극적이거나 기름진 서양식 음식으로 변해 버린 식생활에 어울리는 전통주의 대변신이 필요하지 않을까?

약주에 담긴 식민지 역사

《조선왕조실록》은 임금이 하사하는 술을 청주 몇 병 혹은 소주 몇 병으로 기록하고 있다. 약주를 몇 병 하사했다는 표현도있으나, 약주는 술 종류라기보다는 '약주를 삼가소서' 같은 표현에 등장하는 술을 지칭하는 단어다. 아직도 약주는 술을 지칭하는 대명사로 쓰이기도 하지만, 전통주나 옛술이라는 의미가 강하다. 그렇다면 약주는 술의 종류인가, 술의 이름인가? 《의림촬요醫林撮要》나 《동의보감》 같은 의서에도 만드는 방법이 등장하고 질병의 처방제로도 사용되었으니, 말 그대로 '약이 되는 술'이었다.

그런데 세월이 지나면서 약주라는 말의 뜻도 여러 차례 변했다. 이제는 주세법상 엄연히 약주는 술의 분류 항목 중 하나다. 일제 강점기에 도입된 주류 제조 면허 때문에 가양주의 제조는 금지되었다. 가양주는 밀주라는 고약한 오명을 뒤집어쓰게 되었다. 일본 사케와 유사하게 제조된 술이 청주라는 이름으로 주세법에 등재되었다. 청주는 저온 살균과 알코올을 첨가하여 저장과 유통이 쉽게 이루어졌다. 일제 강점기 동안 우리 술은 쇠락하고, 그 자리를 차지한 청주는 살아남았다. 가양주는 약주라는 이름으로 주세법상 술의 한 종류로 남게 되었다.

주세법에서는 전통 누룩의 함량 1퍼센트를 기준으로 약주와 청주가 분류된다. 그렇다고 주세가 다르지도 않다. 약주와 청주의 주세율은 30퍼센트로, 구분해야 하는지 의문이다. 청주는 약주의 하위개념이므로 약주로 통일하고 전통 누룩의 함량을 표시하는 방법이 좋을 듯하다. 동시에 전통 누룩의 비율이 일정 이상이면 민속주나 막걸리 수준으로 주세를 낮추는 문제도 심각하게 고려해 볼 만하다. 전통주 부활에 시발점이 될지도 모른다.

현재 판매되는 순곡 약주는 교동법주, 화랑, 국순당의 예담, 한산

소곡주, 술샘 양조장의 감사, 중원당의 청명주, 세종대왕어주 등 종류는 많다. 도자기 술병을 탈피하고 약주의 은근한 색감이 드러나는 유리병에 세련되게 포장된 술도 많다. 현대의 양조 기술로 술을 맑게 만드는 것은 가능하지만.

전통주처럼 꽃향기가 서린 술이 얼마나 있는지 궁금하다. 순곡주보다 가향 약주의 종류는 더 많다. 백세주를 필두로 산사춘, 옻술, 벌떡술, 계룡백일주, 녹고의 눈물 등 술에 넣을 수 있는 첨가물을 모두 넣어 순곡주보다 종류가 많다. 그렇다면 약주는 전통주일까? 전통주를 복원했다는 약주도 많고, 양조 명인도 많다. 전통주 살리기 운동도 한창이다. 그러나 현실은 녹록지 않다. 이미 다른 술이 우리의 일상에 자리 잡고 있기 때문이다. 전통주가 없어서 다른 술을 마시는 것은 아니다. 현대 사회에서 전통 한복을 입고 생활하기 어려운 것과 같은 이유다.

가격 경쟁력을 가지려면 생산 규모부터 늘려야 한다. 다품종 소규모 생산을 벗어날 수 없다면, 프랑스 와인처럼 병 모양이라도 통일시켜 재활용을 통한 생산 비용 절감을 해 나가야 한다. 지역별로 저장과 병입을 대행하는 공동 생산 시설이나 저장 및 유통이 지원되어야 한다. 과거 이름난 전통주라고 지금의 식생활 문화와 어울린다는 보장은 없다. 산업 사회에서 살아남으려면 산업 사회의 경제 원리에도 맞아야 한다. 대량 생산으로 규모의 경제가 적용되는 소주나 맥주 같은 대중적인 주류와 가격 면에서도 경쟁해야 한다.

하루 만에 만들어 마시는 곡주

 누룩과 곡식 그리고 물로만 만드는 순곡주는 며칠 걸려야 술이 익는다. 여기서 술을 반 정도 퍼내고 밥과 누룩을 첨가하면 여름철에는 하루 만에 다시 술이 익는다. 하루 만에 만들어 마신다는 뜻으로 일일주 혹은 계명주라는 이름이 붙은 단양주도 있다. 남은 술에 효모가 많아 활발하게 알코올을 만들기 때문이다. 밥만 넣어도 된다. 누룩곰팡이가 만든 녹말 분해 효소가 남아 있어서다. 아침마다 퍼낸 술은 농사일이 바쁜 여름철에 농주農酒*로 공급하기에 제격이다. 여름철에 가마솥 밥은 하루 만에 쉬어 버리지만, 막걸리로 만들면 이삼일은 문제없다. 손님이 들쑥날쑥한 주막에서 밥이 남으면 막걸리를 만들어 시간을 벌 수 있다. 날씨가 추워지면 술을 익히는 시간을 늘리면 된다. 아예 절반을 다른 독에 옮겨 약주도 만들었다. 누룩과 밥을 추가하면 발효는 계속되고, 알코올 농도가 높아진다. 동양의 누룩술은 덧술이 가능한 '병행복발효주竝行複醱酵酒'이기 때문이다.

병행복발효주라는 이름은 누룩곰팡이가 계속 당분을 만들어 내고, 동시에 효모는 당분을 소비하면서 알코올을 만들기 때문에 붙었다. 몰트를 사용하는 맥주 제조는 당화 과정을 거쳐 먼저 당분을 만들고, 맥아즙을 발효시키는 두 단계다. 그래서 단행복발효주單行複

* 농사일을 할 때 일꾼을 대접하기 위하여 농가에서 빚는 술.

醱酵酒라고 부른다. 포도주처럼 바로 당분이 발효되는 경우는 단발효주라고 해서, 술의 제조 방법에 따라 분류한다.

병행복발효주는 당화와 발효가 동시에 일어나서 당분의 수급을 수치화하기가 어렵다. 이 때문에 어떤 막걸리는 달고 어떤 막걸리는 그렇지 않다. 알코올 발효보다 누룩에서 당분이 빨리 만들어지면 단맛이 남는다. 반대로 누룩을 적게 사용하면 당분이 천천히 만들어져 단맛이 적은 막걸리가 될 수 있다. 그러나 발효 조건에 따라 당분이 만들어지고 효모가 자라는 속도가 복잡하게 달라진다. 막걸리는 막 걸러낸 술인지 몰라도 제조 과정은 까다롭고 복잡하다.

막걸리가 직면한 고민들

오늘날의 막걸리는 과거와 많이 달라진 모습이다. 전통 누룩이 아닌 일본식 낱알 쌀누룩을 사용하는 곳이 많다. 전통 쌀누룩과 다르게, 낱알 쌀누룩은 찐 밥에 일본의 백국균을 키워서 입국 쌀누룩을 만든다. 밥알의 표면에 곰팡이가 하얗게 피고, 낱알로 떨어지기 때문에 입국이라고 부른다. 전통식 병국 누룩과 비교해 생산이 유리하다. 전통 누룩은 방아질을 해서 빻아 누룩가루를 만들고 사람이 일일이 퍼 날라야 하지만, 입국은 대형 탱크에 저장할 수 있고 기계 이송도 가능하다. 품질 관리도 훨씬 쉽다.

반면 백국균은 학명이 아스페르길루스 아와모리라는 한 종류의 누룩곰팡이만 사용하기 때문에 우리 고유의 막걸리 맛과 차이가 난다. 같은 회사의 누룩을 받아 쓰는 막걸리는 다 맛이 비슷하다는 문제점도 있다. 전통 누룩의 표준화와 기계화를 통해 생산성을 높이고, 지역마다 서로 다른 맛을 가진 다양한 막걸리가 더욱 많이 생겨야 한다. 막걸리의 다양성이 막걸리의 생태계를 튼튼하게 만드는 길이다.

전통 누룩을 사용하지는 않지만, 신기술을 활용한다는 관점에서 보면 막걸리는 개방적이다. 전통 약주보다 세상의 변화에 더욱 잘 적응하며 살아남았다. 국내에서는 소주, 맥주와 함께 주류 시장의 3대 축이다. 과거에는 막걸리의 알코올 농도를 따로 측정하지도 않았고 할 수도 없었다. 알코올 농도에 대한 개념이 없었던 그 옛날에는 쌀과 누룩을 양심껏 넣었다. 술맛이 좋으면 그만이었다.

이후 주세법의 6퍼센트 알코올 규정을 맞추기 위해 양조장의 막걸리 제조 방식은 이양주 제조법으로 바뀌었다. 덧술을 추가해 이양주식으로 발효시켜 알코올 농도를 12퍼센트까지 올리고, 같은 양의 물을 섞어 6퍼센트로 희석하는 방식이다. 거르는 방식도 달라졌다. 원통형 스테인리스 스틸 거름망이 붙어 있는 탁주 여과기를 사용한다. 병은 투명한 플라스틱병으로 통일했다. 어느 것 하나 과거의 전통주와 같은 것이 없다. 그러나 이제 막걸리는 우리 생활 속에서 약진하고 있다. 비록 1970년대부터 내리막길을 걸어왔지만, 2000년 이후부터 재도약의 길을 걷고 있다. 주세 통계에 따르면 2016년 탁주는 4.2억 리터 출고되었고, 금액으로는 4천억 원 규모다. 출고액 기준으로 주류시장의 10퍼센트를 차지한다.

냉장 유통은 막걸리의 재도약에 이바지한 바가 크다. 그렇지만 공장에서 소비자까지 완전한 냉장 조건에서 유통되는 것은 아니다. 트럭 짐칸에서 햇빛을 받으면 미지근해진 생막걸리의 바닥에 가라앉은 효모도 잠에서 깬다. 자기 소화 작용으로 단백질을 분해하고 불쾌한 황화합물도 만드는 것이다. 공기에 노출되면서 병목에 초산균도 자란다. 막걸리의 맛도 조금씩 변해간다. 가게에 도착해서 다시 냉각해도 처음의 상큼한 맛은 이미 반쯤은 사라졌다. 막걸리 애호가들이 제조 날짜를 열심히 확인하는 이유다. 서양의 드래프트 맥주*같이 계속 저온에서 보관 유통된다면 막걸리 맛은 확실히 더 좋아질 것이다.

막걸리는 숙성하지 않는 술이다. 거친 찌꺼기만 걸러 내고 포장해서 유통된다. 살균하지 않는 생막걸리에는 효모가 살아 있는 상태로 침전되어 있다. 그런데 실은 살아 있다기보다 굶어 죽어 가는 상태다. 유통 과정에서 온도가 올라가면 효모는 다시 자라려고 하지만, 먹을거리가 없다. 일부는 이미 죽어 분해되고, 일부는 포자를 형성해 기나긴 긴축 상태에 돌입한다. 동시에 효모의 단백질이 분해되면서 호불호가 갈리는 이상한 맛을 낸다. 시간이 지나면 쓴맛이 날 정도로 단백질이 심하게 분해된다. 남아 있는 단백질이 많으

---

*   드래프트(미국: Draft, 영국: Draught) 맥주는 캐스크에 넣어 가압냉장상태로 유통 보관되는 맥주다. 현재 사용하는 케그keg처럼 살균이나 필터로 효모를 제거하지 않는다. 따라서 유통과정에서도 항상 냉장 보관한다.

면 황화합물이 발생하여 상한 달걀의 악취를 낸다. 아스파탐이 필요한 이유가 바로 이런 이상한 맛을 숨기기 위해서다.

아스파탐은 막걸리의 단맛을 내기 위해 첨가하는 인공 감미료다. 꿀이나 설탕처럼 원래 자연에서 얻어지는 물질이 아니다. 그래서 아스파탐을 보는 시각은 부정적이다. 안전한 감미료라고 허가받았지만, 여전히 논란거리다. 막걸리의 씁쓸하고 개운치 않은 뒷맛이 아스파탐 때문이라고 생각하는 사람도 많다. 정말 아스파탐 때문일까?

최근 연구에 따르면 아스파탐은 단맛을 내지만, 이를 쓰다고 느끼는 사람도 있다고 한다. 사람에 따라 유전자가 조금씩 다르고, 혀의 맛 세포 수용체도 다르기 때문이다. 설탕은 모든 사람에게 달게 느껴지지만, 인공 감미료는 일부 사람들에게 쓰게 느껴지고 이상한 뒷맛이 남는 듯한 느낌을 준다. 아스파탐이 첨가된 다이어트 콜라도 사람에 따라 쓴맛을 느끼기도 한다. 대부분의 인공 감미료의 뒷맛이 쓰다. 아스파탐은 분해되거나 다른 물질과 상호 작용하여 더 거북한 뒷맛을 낸다. 막걸리 맛을 되돌리는 방법으로 막걸리에 물을 약간 타는 방법이 방송에 소개된 적이 있다. 사실은 거북한 쓴맛을 물로 희석해서 줄이는 것이다.

발효를 마친 뒤 바로 마시는 술은 거의 없다. 맥주는 수일 동안 저온 탱크에서, 와인은 오크통에서 최소 6개월간, 청주나 사케 역시 1년 정도 숙성시킨다. 그동안 알코올에서 소량의 아세트알데히드가 만들어지고, 역한 버터 맛을 내는 디아세틸은 줄어든다. '쉬르리 Surlie'는 오크통에 효모 침전물이 가라앉은 상태에서 와인을 숙성시키는 방법이다. 가끔 침전을 흔들어 분해된 효모의 향이 스며들게 한다. 반면 사케는 효모를 제거하고 활성탄으로 불순물을 제거한다. 저온 살균된 사케를 숙성 후 다시 저온 살균해서 병에 넣는다.

다양한 숙성법이 개발되면서 술맛의 발전을 이뤘다. 다른 술과 비교하면 막걸리는 너무도 간단히 만든다. 숙성 과정도 따로 없다. 사실 미완성의 술이다. 원래 농주였으니 숙성이 어울리지 않을 수 있다. 효모 침전물과 함께 유통되기 때문에 저장성의 문제도 남는다. 이러한 이유로 결국 대부분의 막걸리가 아스파탐을 첨가하는 손쉬운 방법으로 만들어져 유통된다. 최근에는 아스파탐이 첨가되지 않은 고급 막걸리도 점차로 늘고 있다. 막걸리는 더 좋은 술로 진화하기 위해 기지개를 켜고 있다. 숙성과 정제 과정을 거쳐 한 단계 더 진화된 막걸리가 탄생하기를 기대한다.

누룩으로 만든 중국과 일본의 술

중국과 일본의 술도 모두 누룩으로 빚는다. 중국에서 보리와 밀로 만든 누룩을 '대국'이라고 하고 쌀로 만든 누룩을 '소국'이라고 한다. 두 나라는 누룩의 원료는 같아도, 모양은 서로 다르다. 대국은 큰 직육면체 모양으로, 메주보다는 크다.

누룩을 띄우는 온도에 따라 고온 대국, 중온 대국, 상온 대국으로 나뉜다. 미생물이 대사 열을 내기 때문에 주변보다 온도가 높아진다. 큰 벽돌 모양이라 중심부의 열이 식지 않는다. 대국을 촘촘하게 포개 놓으면 온도는 한동안 70~80도까지 올라갈 정도다. 이것이 고온 대국을 띄우는 방법이다. 얼기설기하게 놓거나 띄엄띄엄 놓는 방식에 따라 중온 혹은 상온 대국을 얻을 수 있다. 결과적으로 대국의 중심 온도가 높아 고온 세균이 누룩곰팡이와 같이 자란다. 대국의 누룩 향은 원료보다는 띄우는 온도에 따라 다르다. 고온에서 세균이 만드는 향이 남기 때문이다. 누룩곰팡이가 골고루 자라도록 원판형으로 만드는 우리 전통 누룩과 매우 다르다.

소국은 쌀이 많이 나는 중국 허난 지역에서 담근다. 물에 불려 삭힌 쌀을 경단처럼 빚어 만든다. 쌀을 물에 불려 삭히면 젖산균이 자란다. 젖산이 약한 신맛을 내고 염기성은 낮아진다. 여기에 수분을 제한하면 곰팡이나 효모가 자라기 좋은 환경이다. 경단처럼 빚어 띄우면 표면에 곰팡이가 자라 쌀누룩이 된다. 이런 경단 모양의 쌀누룩은 쌀이 많이 나는 동남아 지역에 흔하다. 베트남에서는 멘men, 라오스에서는 빠엥paeng, 인도네시아는 라기ragi라고 불린다. 쌀누룩은 쌀 생산지마다 있지만 제각각 이름이 다르다. 모두 누룩 술을 만든다. 우리나라에도 이렇게 물에 불려 산성화된 찹쌀로 만드는 전통 식품이 있다. 전통 유과는 이렇게 삭힌 찹쌀을 가루 내어 꿀과 섞어 성형한 다음 기름에 튀겨 만든다. 물론 이화주 같은 누룩술도 쌀누룩으로 만든다.

중국의 홍국紅麴도 쌀로 만든 누룩이다. 낱알을 그대로 사용하고, 누룩곰팡이 대신 모나스쿠스속Monascus이라는 붉은색의 곰팡이를

쓴다. 붉은색이라는 이유로 중국인에게 선택받은 누룩이다. 일본의
누룩도 쌀 낱알 누룩이다. 코지로 잘 알려져 있다. 코지는 한자로 오
직 국麴이다. 곡麯은 사용하지 않는다. 파자인 움킬 국麹에 쌀 미米가
들어 있기 때문인 것 같다. 코지를 띄울 때 천으로 움켜 싸는 과정이
있다.

황주의 붉은 기운

백주보다는 잘 알려져 있진 않지만, 중국 술의 원조는 황
주다. 황주는 물과 쌀누룩 그리고 주로 찹쌀을 사용한다. 찹쌀은 일
주일 정도 불려서 사용하는데, 젖산균이 자라 산성으로 바뀌고 쌀
알은 물러진다. 사우어 도우sour dough나 사우어 몰트sour malt도 같은
원리다. 산성화되어 pH가 낮은 조건에서는 누룩곰팡이와 효모가
자라기 쉽기 때문이다. 여기에 누룩을 섞으면 빠르게 발효가 진행
된다. 전통 유과를 만들 때 삭힌 쌀을 사용하는 것을 보면, 사라진
전통주에도 이러한 산성화된 곡류를 사용하는 제조 방법도 있지 않
았을까?

　효모가 자라기 좋도록 pH를 5 정도로 낮추는 방법은 양조에서
흔하다. 위스키 라벨에 사워 몰트 혹은 애시드 몰트acid malt라고 적힌
위스키는 젖산균이 자라 산성화된 몰트를 사용해 만든 위스키다.
사케를 제조하는 데 사용하는 효모 배양액에도 젖산균이 같이 자란

다. 아예 젖산을 따로 첨가한 효모 배양액을 사용하지만, 젖산균을 같이 배양한 효모를 사용하는 사케의 품질이 월등하다. 발효 후반부에 효모가 오래 살아남아 있기 때문이다. 장기 배양, 장기 숙성이 가능하고 술맛이 좋다. 황주도 마찬가지다. 젖산균이 자라 삭힌 찹쌀에 쌀누룩을 넣고 밀봉하여 오래 발효한다.

항상 찹쌀을 사용하는 것은 아니다. 광둥성에서는 쌀로 만든 황주가 유명하지만, 산둥성의 황주에는 좁쌀이 많이 들어간다. 황주의 원료는 지역마다 다르지만 만드는 방법은 공통으로, 오래 발효시키는 것이다. 누룩은 대국이나 소국을 사용하는데 지역에 따라 붉은 쌀인 홍국도 쓰인다. 산성화된 곡식에 누룩을 섞어 발효하는데 따로 물을 첨가하지 않아 처음에는 쉰 잡곡밥 같으나 시간이 지나면서 술이 된다. 수분이 적어 상대적으로 곡식의 비율이 높다. 알코올의 농도가 15퍼센트를 넘으면 발효가 멈추기 시작하고, 남은 곡식의 녹말이 분해되어 단맛을 낸다. 거른 후에 작은 독에 넣고 밀봉하여 몇 년이고 묵혀 두는 것이 특징이다. 중국 저장성의 소흥주에는 무려 10년까지 숙성시킨 술도 있다. 알코올이 15퍼센트 이상, 양조장에 따라 20퍼센트까지 만들어져 밀봉해서 장기 숙성이 가능한 것이다.

황주는 황색이라기보다 붉은색에 가깝다. 황색이 짙어져 붉은 기운을 띤다. 색이 짙은 이유는 오래 보관했기 때문이다. 누룩이나 원료에서 유래한 색이 아니다. 갈변 반응의 결과다. 단백질과 당분이 화학적으로 서서히 결합하여 만든 멜라노이딘의 색이다. 같은 붉은

색이라서 라이스 와인이라고 불리지만, 붉은색의 색감은 전혀 다르다. 와인의 검붉은 색은 식물색소 안토시아닌, 황주는 멜라노이딘의 색이기 때문이다. 오래 저장할수록 황주는 짙은 붉은색으로 바뀐다. 반면 오래된 와인은 붉은색이 옅어지고 갈색이 된다.

일본인의 입맛이 선별한 효모

코지는 원료도 다르고 만드는 방법도 다르다. 우리 전통 누룩은 밀이나 보릿가루를 반죽해서 성형 틀로 모양을 만들지만, 코지는 국 상자나 면포 위에 고두밥을 식혀서 그대로 펼쳐 놓고 황국균 포자를 골고루 뿌려서 만든다. 물을 적게 사용하는 고두밥은 수분 활성도를 낮추어 세균 오염을 줄이고, 황국균만 자라게 하기 위해서다.

코지에 물을 부어 발효시키면 모토 혹은 슈보라고 부르는 젖산균이 포함된 효모 배양액을 얻을 수 있다. 사케 발효의 첫 단계로, 효모의 순수배양이 불가능한 과거에는 좋은 모토를 얻는 것이 발효의 성패를 좌우했다. 아예 화학 젖산을 직접 첨가해 효모를 배양하는 방법도 있다. 효모가 자라기 좋은 산성 환경을 만드는 방법이 다른 셈이다. 중국의 황주나 우리 전통주는 젖산균이 자란 삭힌 쌀을 사용한다. 쌀누룩 자체가 누룩곰팡이와 효모가 자라기 좋은 산성 환경을 형성한다.

사케 발효는 모토를 코지와 고두밥이 담긴 발효조에 첨가하면 시작된다. 처음엔 코지의 비율이 높다. 고두밥의 절반 정도를 같이 넣는다. 이후 2단계와 3단계로 코지와 고두밥을 추가한다. 코지의 비율은 낮추고 고두밥을 더 많이 추가한다. 발효 온도가 높아지지 않도록 관리하면 거르기 전 사케를 지칭하는 '모로미'가 완성된다. 덧술을 2회 추가하는 삼양주 제조법으로, 알코올 농도는 효모의 알코올 한계인 15퍼센트 수준까지 올라간다. 이 모로미를 맑게 걸러 숙성시킨 술이 바로 일본식 청주다.

코지의 황국균은 오랜 사케의 역사를 통해 선별된 코지 곰팡이다. 사케 효모도 마찬가지다. 일본인이 선호하는 방향으로 효모가 선별되었다. 역시 색소를 적게 만들고, 거품이 내지 않으며, 고급 알코올의 향이 풍부한 사케 효모가 개발되었다. 가장 널리 사용되는 #7 사케 효모는 원래 나가노의 미야자키 양조장에서 분리되었다. 순하고 부드러운 향이 특징이다. 반면 구마모토 출신의 #9 사케 효모는 고급 알코올 에스터 향이 강한 것이 특징이다. 이외에 다이긴조급의 고급 사케에 주로 사용한다는 #1801 사케 효모도 유명하다.

사케에 대한 일반 상식

전 세계적으로 일본식 청주를 사케라고 하지만, 일본에서 사케는 '술' 자체를 의미한다. 실제로 술 주(酒)자를 사케라고 읽는

다. 대신 우리가 사케라고 부르는 일본식 청주를, 일본 술이라는 뜻
의 니혼슈日本酒라고 부른다. 같은 술 주酒를 '사케' 혹은 '슈'라고 읽
는다. 불현듯 술은 밥을 삭혀 만든다는 말에서 사케가 유래했을 수
있다는 생각이 머리를 스친다. 실제로 일본《고사기》에 백제의 승
려가 수수보리로 술을 빚는 법을 전해 주었다고 기록되어 있다. 전
통주 중에서 삼양주의 제조법과 유사하지만 다른 점도 많다. 일본
의 기후와 환경에 맞는 독창적인 방법으로 양조 기술이 발전했다.

　프랑스의 화학자 파스퇴르가 저온 살균법을 개발하기 이전부터
청주는 저온 살균하여 숙성시키고 오래 보관하는 것이 가능했다.
양조 원리는 과거 우리 술과 비슷하지만, 수세기 동안 독립적으로
세련되게 진화된 술이다.

　과거 일본에서는 민가에서 술을 빚는 일은 금지되어 있었다. 다
시 말해, 술은 국가의 독점물이었다. 10세기 이후부터 민간에서 술
을 빚는 것이 허용되었는데, 그나마도 사찰이나 절에 국한되었다.
그 후 사찰을 중심으로 사케 양조법이 발달했다고 한다. 당시의 사
케 제조법을 살펴볼 수 있는 기록 중 하나가 바로 1478~1618년까
지 기록된《타몬인 일기多聞院 日記》다*. 사찰과 사찰 간에 문자를 통
해 제조 방법을 기록하고 전수했기 때문에 사케 발효 기술이 비약
적으로 발전할 수 있었고 사찰 간 교류를 통해 규격화되고 통일된
제조 방법이 일본 전역으로 퍼졌다.《타몬인 일기》는 코지를 발효
시켜 밑술을 만들고 고두밥을 세 차례 투입하여 알코올의 도수를
높이는 과정은 물론, 맑게 걸러 내 살균하는 후처리 과정까지 그대

로 기록되어 있다고 한다. 사케 제조법은 15세기에 완성되어 지금까지 전해 내려온 셈이다.

메이지 유신으로 근대화의 길로 들어서면서 민간에서 양조 사업을 할 수 있도록 허가되었다. 이후 3만여 곳의 민간 사케 양조장이 생겨났다. 사케가 사고팔 수 있는 상품이 되면서, 드디어 대중의 술로 거듭나게 되었다.

사케를 만들 때 사용하는 쌀은 따로 있다. 식용으로 재배된 쌀로 사케를 만들지 못하는 것은 아니지만, 단백질 함량이 적은 품종을 따로 재배한다. 사케용 품종으로 잘 알려진 고햐쿠만고쿠나 야마다니시키는 밥을 하면 기름이 자르르 흐르는 쌀이 아니다. 밥을 지어 먹기는 좋지 않은, 한마디로 맛없는 쌀이다. 심지어는 단백질 함량이 낮은 쌀을 또 여러 차례 깎아 내어 그나마 단백질이 남아 있는 바깥 부분을 제거하고 사용한다.

사케는 깎아 내어 거의 동글동글한 모양의 쌀을 사용한다. 쌀은 바깥쪽에 단백질이나 지방 회분을 함유하고 있다. 단백질이 많으면 누룩곰팡이가 자라는 데 유리하다. 반면 단백질이 많으면 휴젤 오일*이라 부르는 고급 알코올이 더 많이 만들어진다.

고급 알코올은 술의 향을 결정하는 중요한 역할을 하는 물질이다. 그런데 앞서 언급했듯, 고급 알코올은 술 알코올보다 잘 분해되

---

* 《타몬인 일기》는 일본 나라현 고후쿠지興福寺에 딸린 사찰인 타몬인의 승려들이 150년간 쓴 일기 형식의 기록이다. 사케뿐만 아니라 간장을 포함한 음식 제조법이 기록되어 있다.

지도 않고 몸 밖으로 배출되는 속도도 느리다. 그래서 숙취의 원인이 되는 양면성을 가지고 있다. 휴젤 오일이 많이 포함된 술일수록 향기가 좋은 대신 숙취를 불러일으키기 쉽고, 휴젤 오일이 적게 포함되어 있는 술은 숙취가 적은 대신 휴젤 오일 특유의 향이 약하다. 독한 증류주를 마실수록 숙취가 덜하다고 하는데, 증류 과정에서 휴젤 오일이 일부 제거되었기 때문이다. 그래서 마신 알코올의 양에 비교하여 휴젤 오일을 적게 섭취하게 되는 것이다.

반면 청주는 발효 단계에서 휴젤 오일의 양을 적절하게 제한하여 숙취가 적은 방향으로, 일본 사람들의 선호가 반영된 술이라고 할 수 있다. 타인에게 폐를 끼치는 것을 금기시하고 주변의 시선에 예민한 일본 사람들의 입장에서는 숙취가 적은 것이 술의 선택에 있어 가장 중요한 기준이 되었을지도 모른다.

알코올 내성이 강한 사케 효모를 개발하고 첨가물을 사용해, 발효만으로 알코올 농도가 20퍼센트에 가까운 사케를 개발했다는 연구도 많다. 일본에서 알코올의 한계를 견디는 효모에 집착하는 이유는 더운 기후 때문이다. 알코올 농도가 높을수록 술이 잘 상하지 않기 때문이다. 대부분 증류한 알코올을 섞어 알코올 농도를 올리는 간편한 방법을 사용한다. 반면 알코올을 첨가하지 않은 고급 사케는 준마이純米라고 구분한다. 저온 장기 발효 기술이나 알코올 내

---

* 휴젤 오일은 독일어로 나쁜 액체라는 뜻의 휴젤Fusel에서 유래했다. 지금은 알코올 발효에서 얻어지는 기름 같은 휘발성 혼합물을 지칭한다.

성 사케 효모가 개발되어 알코올 농도가 높은 준마이 사케가 경쟁
적으로 제조되었다. 그러나 알코올 15퍼센트의 한계를 넘어 농도를
1퍼센트포인트 더 올리는 데 오랜 시간과 많은 비용이 소요된다. 비
효율적인 데다, 경제적인 관점에서도 바람직하지 않다. 알코올 농
도가 조금 더 높다고 술맛이 더 좋아지는 것은 아니다. 일본 정부도
준마이 사케의 알코올 농도가 16퍼센트를 넘으면 누진적으로 주세
를 부과한다. 사케의 알코올 농도는 결국 15퍼센트 부근에서 안착
하게 됐다.

　발효만으로 알코올 농도를 15퍼센트까지 올리는 것도 쉬운 일
은 아니다. 알코올 내성이 강한 효모와 당도가 높은 원료가 필요하
기 때문이다. 이론적으로 원료의 당도가 23.5브릭스가 되어야 알코
올 15퍼센트를 얻을 수 있다. 효모가 소비하는 당분이나 발효 효율
을 고려하면, 원료의 당도는 이보다 더 높아야 한다. 당분이 충분하
더라도 발효 후반부에 알코올의 농도가 높아질수록 효모의 알코올
발효 속도는 줄어든다. 알코올 농도가 10퍼센트를 넘으면 발효 속
도는 급격하게 줄어들기 때문에 15퍼센트까지 올리는 데 오랜 시
간이 걸린다. 그동안 잡균에 의한 오염 가능성도 있고 발효가 잘못
될 가능성도 있다. 그렇다고 효모의 생존 한계에 가까울수록 술맛
이 좋다는 보장도 없다. 과유불급이라고.

　알코올 15퍼센트의 한계를 넘을 필요는 없다. 생산성 측면에서는
알코올 농도가 8~10퍼센트까지 발효시키는 것이 유리하다. 그래
서 증류주의 원료로 사용하는 발효주는 굳이 15퍼센트까지 알코올

농도를 올릴 필요가 없다. 막걸리는 알코올 농도가 12퍼센트가 되도록 누룩과 쌀의 양을 조절한다. 알코올 농도를 올리는 것보다 생산성이 중요하기 때문이다.

탁한 술과 맑은 술의 매력

술은 대부분 맑고 투명하다. 반면 탁한 술은 그리 많지 않다. 막걸리가 예외적으로 탁한 술이다. 일본의 니고리자케나 독일의 밀맥주도 탁한 술이지만, 막걸리와 비교될 만하다. 멕시코의 전통주 풀케 정도가 막걸리에 비길만한 정도다. 우리나라의 음주 문화에서 막걸리가 차지하는 비중은 높다. 맥주와 소주 다음으로 많이 팔리는 술이다. 이렇게 많이 팔리는 탁한 술은 어디서도 찾아보기 어렵다.

우리가 막걸리를 거부감 없이 당연하게 여기는 이유은 탁한 액체에 대한 거부감이 적기 때문인 것 같다. 가라앉은 막걸리도 일부러 흔들어 섞어 혼탁하게 해서 마시질 않는가. 우리나라에는 뿌옇게 끓인 탕 종류도 많고, 탁한 액체상태의 음식이 많다. 외국에서는 잘 볼 수 없는 음식이다. 우리가 탁한 액체를 꺼리지 않는 이유는 맑고 깨끗한 물이 풍부했기 때문인 것 같다.

반면 유럽의 물은 석회 성분이 많아 뿌옇게 변하기도 하고 침전물도 생긴다. 끓이고 졸이는 요리를 하기에 적합하지 않다. 그래서 유럽에서는 술을 맑고 투명하게 만들기 위한 노력을 아끼지 않았다. 지금은 탁한 술도 병에 위생적으로 포장되어 거부감이 없지만, 과거에는 그렇지 않았다. 투명한 유리잔이나 병이 발달한 것도 이와 같은 이유에서였다. 투명한 유리잔을 사용하고부터 술을 맑게 만드는 방향으로 술 제조 기술이 발전해 왔다.

일본에서도 맑은 술을 선호한다. 백제의 술 제조법이 일본에 전수되었다고 기록되어 있으나, 이후 독자적인 방법으로 맑게 걸러내어 청주를 만들고 사케로 발전시켰다. 맑게 걸러 내기 위해서 술을 포대에 담고 눌러 짜내는 방식을 사용한다. 처음에는 탁하지만, 술지게미가 포대의 미세한 섬유층을 막아 자연 필터를 형성해 나중에는 맑은 사케를 얻게 된다. 과거 우리나라에는 없던 방식이다. 우리 전통주는 대나무로 얼기설기 만든 용수를 사용해 맑은 약주를 얻었다. 찌꺼기를 완전히 걸러 내는 사케보다 맑고 깨끗한 빛깔을 내지는 못했다. 술병이나 호리병에 담아 보관하고 지금처럼 완전한 백색의 도자기 술잔을 사용하지 않았기 때문에 투명함에 대한 기대 수준이 높지 않았을 것 같다.

쌉싸름하지만
끌리는 요사스러운
독주

아주 오래된 증류주의 기원

우리나라에 소주가 도입된 계기는 몽골의 침입이었다고 알려져 있다. 아랍의 연금술사들이 사용하던 증류 기술이 십자군 전쟁으로 유럽으로 전파되고, 몽골의 유럽 침략을 통해 몽골까지 전파되면서, 몽골인들이 증류주를 널리 즐기게 되었다고 한다. 이후 한반도에 몽골이 침입하면서 소주가 등장했다는 주장이다. 기록에 따르면 술을 증류해 도수 높은 알코올을 만드는 방법을 발견한 것은 아랍의 연금술사들이다. 무슬림 화학자 알라지Al-Razi가 쓴《비밀의 책Kitab al-Asrar》에 증류 장치의 원리와 구조가 처음 소개되었다. 또한 9세기에 이르러서는 역시 무슬림 화학자인 알킨디Al-Kindi가《향수화학과 증류Kitab al-Taraffuq fi al-'itr》라는 책에서 알코올이라는 말이 유래했다.

그러나 증류 기술이 아랍에서 처음 생긴 것은 아니다. 이미 기원전에 바닷물을 끓여 증류수를 얻을 수 있고, 와인도 같은 방법으로 증류할 수 있다는 아리스토텔레스의 주장이 기록으로 남아 있다.

메소포타미아 문명의 발생지인 이란의 테페 가우라Tepe gawra 유적지에서 기원전 3,500년경의 증류 장치를 발견되기도 했다[1]. 슬로바키아의 스피슈스키 슈트베르톡Spišský Štvrtok에서는 기원전 1,500년 전에는 모양이 비슷한 증류 장치의 하단부가 원형 그대로 출토되었다. 이미 오래전부터 증류주가 만들어졌거나 향수 및 향유를 제조할 때 사용한 것으로 추정된다. 파키스탄의 탁실라 박물관에는 기원전 500년 전의 토기로 만든 증류 장치가 남아 있다. 술을 넣고 끓이는 솥 위에 증기를 모으는 용기가 있고, 여기에 파이프가 연결되어 있다. 현대 실험실의 증류 장치 구조와 유사하다.

몽골의 전통 증류 방식은 유럽과 다르다. 솥 안에 증류주를 회수하는 그릇을 넣고 솥의 덮개를 거꾸로 덮어 냉각된 증류주가 가운데로 모이는 방식이다. 몽골족 자치구인 중국 네이멍구 바린좌기에서 출토된 청동 증류기는 바닥이 볼록한 냉각 덮개를 사용해서 증류된 술이 솥 아가리의 홈을 따라 흘러내린다. 솥 아가리의 모양은 슬로바키아에서 발굴된 기원전 1,500년의 증류 장치와 비슷하다. 국내 가천박물관에도 비슷한 구조의 동고리가 전시되어 있다.

한편, 멕시코의 후이촐Huichol 족이 사용하는 기원전부터 유래한 것으로 보이는 원시적인 증류 장치도 있는데, 동양의 것과 유사하다[2].

유럽인과 접촉하기 전부터 용설란의 수액을 발효시킨 풀케를 증류시켜 독주로 마셨다는 증거다. 동남아에서는 대나무 관으로 술 증기를 식히는 원시적인 증류 장치를 아직도 사용한다. 일본 전통 소주나 중국의 백주는 솥과 냉각 통이 분리되어 관으로 연결된 구조를 취하고 있다. 지역마다 증류 장치의 모양이나 구조가 다를 뿐이지, 인류는 오래전부터 술 발효와 함께 증류 기술도 터득한 것처럼 보인다.

　우리나라의 증류기인 소줏거리는 떡시루를 포개어 놓은 듯한 모양을 하고 있다. 여기에 장독 뚜껑을 뒤집어 얹고 빈틈을 채우면 된다. 술 증기가 응축되어 안쪽 벽면으로 흘러내리고, 귀때*를 따라 소주가 방울방울 밖으로 배출된다. 떡시루 내부가 증류된 술을 모아서 배출하도록 개량된 구조다. 곡식을 쪄 먹던 시루가 점차 변형된 것으로 보인다. 우리나라 박물관에 전시된 옛 술잔 중에는 크기가 작은 것도 많다. 경주 천마총 내부로 들어가면 참새 모양의 작은 잔이 전시되어 있다. 이런 잔으로 술을 마신다면 간에 기별도 가지 않는다. 그러나 술잔의 크기는 술의 종류와 밀접한 관계가 있다. 한눈에 보기에도 증류한 독주 잔 같아 보인다. 그래서 몽골 침입 이전에 이미 알코올 도수가 높은 증류주를 마셨을 수도 있겠다는 추측도 가능하다.

상하지 않는 술의 비밀

증류주는 상하지 않는 술이다. 오래 보관할 수 있고, 먼

---

*　액체를 따르는 데 편리하도록 만든 구멍. 주전자의 부리같이 바깥쪽으로 내밀어 만들었다.

곳까지 운반할 수 있다. 맥주나 포도주도 오랜 기간 보관할 수 있지만, 일단 개봉한 술은 언젠가는 상하기 마련이다. 그러나 증류주 알코올 농도가 높아 상하지 않는다. 발효의 한계인 알코올 농도 15퍼센트가 되면 부패균은 자라지 못한다. 알코올 내성이 높은 초산균 정도나 겨우 자랄 수 있다. 알코올 도수가 17퍼센트보다 낮은 소주도 있지만 잘 상하지 않는다. 알코올 농도도 높지만, 소주에는 부패균이 먹고 자라는 데 필요한 다른 영양분이 거의 없기 때문이다. 반면 와인이나 청주는 알코올 농도가 15퍼센트가 넘더라도, 부패균이 단백질이나 아미노산 같은 영양분을 먹고 자란다. 다만 알코올 때문에 천천히 자랄 뿐이다. 시간이 가면 결국 상한다.

발효 술을 증류하면 알코올 농도가 높은 증류주를 만들 수 있다. 증류는 술을 끓여서 술 증기를 만들고, 다시 술 증기를 식혀 알코올을 회수하는 과정이다. 술 증기에는 알코올만 있는 것이 아니다. 물과 알코올이 같이 증발해 술 증기가 된다. 알코올은 물보다 쉽게 휘발되어서 술 증기에는 알코올의 비율이 물보다 높다. 결과적으로 술 증기를 식히면 알코올 함량이 높은 증류주를 얻을 수 있다. 그래서 증류주는 알코올과 물이 대부분이다. 알코올 농도는 높고 다른 영양분이 없어서 부패균이 자랄 수 없고, 상하지 않는다. 증류는 냉장 시설이 없었던 과거에 술을 오래 보관하는 방법이었다.

상하지 않는 술의 제조법은 전 세계로 퍼져 나갔다. 당시 증류된 술을 라틴어로 생명의 물이라는 의미인 아콰 비타이aqua vitae라고 불렀다. 마찬가지로 스칸디나비아에서도 아쿠아비트aquavit라고 불렀으며, 프랑스어로는 브랜디를 뜻하는 오드비eau de vie, 하일랜드 지방의 스코틀랜드 게일어로는 위스키를 의미하는 우스게 바하uisge-beatha라고 불렀다. 우리가 알고 있는 위스키는 게일어 우스게 바하에서 유래한 것이다. 아시아에서 중동과 동유럽까지 대제국을 건설한 몽골인도 상하지 않는 술을 즐겼다. 아락Araq은 말젖을 발효시킨 아이락을 증류한 술이다. 몽골 내륙의 추운 날씨에는 아락 같은 독주가 제격이지만, 겨울에는 아이락을 만들기도 여의치 않다. 가축들은 대부분 봄에 새끼를 낳기 때문에 여름에서 가을까지 젖을 채취할 수 있다. 겨울 동안은 다음 봄에 새끼를 낳을 가축을 위해 술의 원료인 젖을 구할 수 없다. 다음 해 봄까지, 겨울에도 술을 마시려면 증류주를 만드는 방법밖에 없다.

증류 기술은 아시아 남부뿐만 아니라 중남미에도 발달했다. 적도에 인접한 더운 나라들도 마찬가지다. 기온이 높아 발효주는 오히려 상하기 쉬워 증류 기술이 절실히 필요했다. 아라크Arrack는 인도, 인도네시아, 동남아시아에 널리 퍼져 있는 증류주다. 야자 와인부터 사탕수수 발효액으로 만든다. 지역에 따라 쌀 발효주를 원료로 사용한다. 태평양을 건너 멕시코에는 용설란으로 만든 풀케를 증류한 메스칼Mescal도 있다. 역시 필요는 발명의 어머니다.

증발하는 알코올에 관한 생각

술을 끓이면 알코올이 날아간다고 한다. 실은, 물과 알코올이 같이 증발한다. 물은 100도에서 끓지만, 알코올은 78도에서 끓는다. 술은 알코올 함량에 따라 78~100도 사이에서 끓는다. 끓는점이 낮은 알코올이 더 많이, 더 빨리 증발할 뿐이다. 알코올 도수가 10퍼센트인 발효주를 끓인 술 증기에는 물과 알코올이 반반이다. 그래서 술 증기를 식히면 알코올 농도가 50퍼센트인 증류주가 된다. 실제로는 좀 더 복잡하다. 알코올이 디 많이 증발하기 때문에 아래 술의 알코올은 10퍼센트에서 점차로 줄어든다. 물의 비율이 높아지면서 끓는점도 상승해 100도에 가까워진다.

아래 술의 부피가 약 3분의 2로 줄어들면 알코올의 농도는 1퍼센트 이하가 되고, 증류를 멈춰야 한다. 증류된 알코올의 농도는 25~40퍼센트가 된다. 이런 증류 방식을 단식 증류라고 한다. 이렇게 증류한 술을 한 번 더 증류하면 부피는 다시 절반 이하로 줄어들고 알코올 농도를 50~60퍼센트로 올릴 수 있다. 단식 증류로 독주를 얻는 방법이다. 독주를 증류하면 부피는 더욱 줄고, 알코올 농도는 더 세진다. 이런 방식으로 단식 증류를 계속하면 알코올 농도가 90퍼센트 이상인 주정도 만들 수 있다.

술을 증류하면 물과 알코올뿐만 아니라, 고급 알코올도 같이 증발한다. 고급 알코올은 증류주 표면에 기름처럼 얇은 막을 형성한다. 마치 기름처럼 보이기 때문에 휴젤 오일이라고 불렀다. 휴젤 오일의 성분은 이후에 여러 종류의 고급 알코올이 섞인 것이라고 밝혀진다. 고급 알코올은 술 알코올보다 가벼워 표면에 떠오른다. 대부분 증류주는 휴젤 오일층을 제거하고 만든다. 그러나 휴젤 오일을 걷어 내도 고급 알코올이 모두 없어지는 것은 아니다. 고급 알코올은 술에 녹을 수 있는 만큼 녹고, 더 녹지 않는 부분만 표면에 떠올라 우리 눈에 보인다. 그래서 증류주에도 상당한 양의 휴젤 오일이 녹아 있다. 화학 용어를 빌려 설명하자면, 포화농도로 녹아 있는 것이다. 그러나 표면에 뜬 휴젤 오일은 제거하기 때문에 알코올 기준 동량의 술을 마신다면, 증류주에 포함된 고급 알코올은 적은 것과 마찬가지다. 바로 이것이 숙취에 민감한 사람이 소주 같은 증류주를 선호하는 이유다.

 ## 쓰디쓴 맛을 위한 노하우

고급 알코올은 알코올 발효 과정의 부산물이다. 효모가 대사 작용을 하는 한, 극소량이지만 여러 종류의 고급 알코올은 늘 만들어진다. 고급 알코올의 에스터 화합물도 같이 생성된다. 모두 냄새와 휘발성이 있는 물질로, 술을 증류할 때 같이 증발한다. 다만 증발하는 속도가 조금씩 다르다. 휘발성이 강할수록 증류 초기에 많이 증발하고, 후반부로 갈수록 고급 알코올의 비율은 줄어든다. 고급 알코올이 술 알코올보다 빨리 증발하기 때문이다. 그래서 증류 시점에 따라 술맛이 달라진다. 맨 처음에 얻어지는 소량은 버린다. 술 알코올보다 빨리 증발하는 메탄올 같은 불순물이 많기 때문이다. 이후 증류 초반부에 얻어지는 증류액은 헤드head라고 부르고, 중반부는 심장이라는 뜻의 하트heart 그리고 마지막 부분은 테일tail이라고 한다. 초반에서 후반부로 갈수록 알코올 농도는 점차로 낮아진다. 맛도 확연하게 다르다. 일반적으로 헤드는 독하다는 느낌이 있고, 테일에서는 쓴맛이 난다.

　헤드 증류액은 보관해 두었다가 다음에 증류할 술에 섞어 사용하는 경우가 많다. 아세톤이나 아세트알데히드 같은 불순물의 비율이 높지만, 알코올이 많아서다. 아로마가 풍부한 증류액은 대체로 중반부에 얻을 수 있다. 아로마가 사라질 즈음부터 테일이 시작된다. 테일이 길어지면 알코올 농도는 낮아진다. 적당한 지점에서 멈춰야 한다. 헤드와 테일 증류액을 얼마나 얻는지, 중반부의 증류액을 얼마나 사용하여 증류주를 만드는지가 양조장마다 다른 비결이고, 증류의 묘미다.

　증류는 한 번으로 끝나지 않는다. 두 번째 증류 때야 알코올 농도는 50퍼센트가 넘는다. 여전히 초반부터 후반부까지 증류액을 얻는다. 증류주의 향은 헤드와 테일 증류액을 끊어 내는 시점에 달려있다. 헤드와 테일 증류액이 많으면 아로마가 강한 중반부 증류액을 얻는다. 그러나 이럴 경우 증류주의 양이 줄어든다. 헤드와 테일을 적절하게 조절해서 중반부 증류액도 충분히 얻어야 한다. 향이 강하다고 무조건 좋은 증류주는 아니기 때문이다. 두 번째 단식 증류의 테일은 첫 번째 증류액과 섞어 재사용해 손실을 최소화시키기로 한다. 증류 이론은 간단하지만, 맛있는 증류주를 만드는 디스틸러리(증류주 공장)의 노하우는 예술의 경지다.

원재료의 강렬한 향

단식 증류기를 사용하면 원재료의 향도 같이 증류되어 농축된다. 고급 알코올이나 고급 알코올 에스터 화합물의 꽃이나 과일 향을 제외한 나머지가 바로 원료의 향이다. 원료의 향은 고급 알코올의 향과 어우러져 증류주의 깊은 향을 만들어 낸다. 위스키의 몰트 향이 바로 원료의 향이다. 스코틀랜드의 이탄$_{peat}$*으로 훈연 건조시킨 몰트를 사용하면, 스카치위스키 특유의 스모크 향이 남는다. 몰트를 적당히 태우면 마이야르 반응과 캐러멜 반응의 구수한 향을 얻을 수 있으며, 휴젤 오일과 같이 증류되어 위스키에 농축된다.

　과일 증류주인 브랜디에도 원료의 향이 강하게 남아 있다. 증류를 마친 브랜디의 주요 휘발성 성분은 에틸헥사노에이트와 에틸옥타노에이트, 3메틸부탄올, 아세트알데히드, 테르펜, 이오논이다[3]. 아세트알데히드를 제외한 나머지는 포도 향에서 유래하여 농축된 것이다. 이오논은 테르펜이 산화되어 만들어진 물질인데, 장미 향을

---

*　땅속에 묻힌 시간이 오래되지 않아 완전히 탄화하지 못한 석탄

낸다. 숙성시키면 오크 향과 섞여 브랜디의 강렬한 향을 완성한다.

증류식 소주에도 원재료의 향이 섞여 있다. 원재료의 휘발성 성분이 휴젤 오일과 같이 증발했기 때문이다. 술의 재료마다 독특한 향 증류주를 얻을 수 있다. 이를테면 일본의 증류식 소주가 그렇다. 고구마 소주가 전통 방식으로 제조되는데 이를 이모 소주라고 한다. 고구마에서 유래한 특유의 향미가 있다. 고구마뿐 아니다. 쌀로 만든 고메 소주, 보리로 만든 무기 소주, 메밀로 만든 소바 소주, 오키나와의 안남미로 만든 아와모리 소주까지 다양하다. 원재료에 극소량 존재하던 제라니올, 리날로올, 테르피네올 같은 허브 향 성분이 농축된다.

보리 소주의 방향 성분이 쌀 소주보다 더 풍부하다는 연구 결과도 있다. 원료 방향 성분에 누룩향이 더해지고 여기에 휴젤 오일이 복합적으로 작용해 증류식 소주의 맛을 결정한다. 희석식 소주에서 느낄 수 없는 여러 층의 향기가 있다. 소주를 종류별로 다양하게 고르고, 물을 타서 차게 혹은 데워서 맞는 음식과 페어링해 마시는 재미를 준다. 국내에서도 화요나 일품진로 같은 프리미엄 소주뿐만 아니라, 보리 소주도 판매되고 있다. 원재료에서 유래한 향미나 휴젤 오일 향이 짙은 소주다. 국산 증류식 소주인 안동 소주, 화요, 대장부 등은 고유의 독특한 향이 있다. 꽃향기나 누룩의 냄새 혹은 은근한 쌀 술의 느낌을 준다.

중국 술 백주도 유향 증류주의 대표 주자다. 백주 중 하나인 마오타이주는 깨트린 술병에서 나온 향기가 박람회장에 퍼져 나가 유명해졌다고 한다. 마오타이의 상쾌한 누룩 향은 고온에서 띄우는 대국에 자라는 고온 세균이 만드는 방향 성분 때문이다. 독특한 반고체 발효 방식과 단식 증류를 반복해 농축시켜 얻은 것이다. 향기의 성분 물질로 피라진, C4화합물, 구아이아콜의 존재가 밝혀졌고, 이들 혼합물이 복합적으로 작용해 향을 낸다[4].

아예 향이 강한 부재료를 넣고 증류시킨 향 증류주도 있다. 진Gin은 주니퍼베리 같은 허브를 증류할 때 첨가한다. 소주처럼 투명하고 깨끗하게 보이지만, 허브 향이 휴젤 향을 압도한다. 허브 향이 두드러져 우리에게 익숙하지 않은 술이다. 중세부터 만들어졌다고 추정하는데, 증류 기술이 완전하지 않았던 시기에 향을 추가해야 할 필요로 만들어진 술 같다. 당시에는 여러 종류의 허브를 첨가해서 약으로 사용했다는 기록도 있다. 허브를 첨가한 향 증류주는 많은 종류가 생겼고, 세월이 지나면서 대부분 사라졌다. 영국에서 17세기에 가장 유행했던 런던 드라이 진이나 독일의 예거마이스터는 여전히 남아 있다.

향기까지 잘 마시는 방법

술맛은 사실 맛보다 향이 더 중요하다. 코를 막거나 혹은 감기 때문에 맛을 느끼지 못해도, 실은 냄새를 맡지 못하는 것이다. 그런데도 우리는 맛을 느끼지 못한다고 생각한다. 우리가 맛이라고 여기는 상당 부분이 사실은 냄새이기 때문이다[5]. 그런데 생소한 냄새가 나면 혼란스럽다. 혀를 통해서 느끼는 기본 4가지 맛에는 익숙하지만, 냄새에 대한 정보가 없어서 일단 거북하다고 느끼고 경계한다. 채집과 수렵의 시대부터 생소한 냄새를 배척해야 생존에 유리했기 때문이다.

진화 경로상 우리 조상은 오랫동안 초식 동물이었다. 냄새 맡는 기능을 하는 후각 수용체 단백질이 미각 수용체 단백질보다 훨씬 종류가 많다. 코끼리는 후각 수용체 유전자가 무려 2,000개고, 사람은 400개다[6]. 맛을 보는 미각 수용체보다 10배 이상 많다. 초식 동물에게 독초인지 아닌지를 구분하는 능력이 바로 생존과 직결되기 때문이다. 독초가 아니라면, 그 향을 기억하고 찾아내 배를 채우는 일이 중요하다. 이래저래 후각 수용체 단백질이 생존에 중요할 수밖에 없다. 바로 이것이 맛보다 향이 우선인 이유다.

증류주도 맛보다 향이다. 그냥 삼키기보다 향기까지 마셔야 잘 마시는 것이다. 향기를 맡는 방법에는 두 가지다. 숨을 들이쉴 때와 내쉴 때다. 위스키 잔에 코를 박고 조금 숨을 들이켜 보자. 잔에 퍼진 향기 분자가 날아들어 후각 수용체를 공격할 것이다. 향을 잔에 채우려면 술은 조금만 따라야 한다. 향기를 채울 공간이 필요해서다. 코로 맡는 들숨의 향은 예선전일 뿐이다. 본 경기는 위스키를 한 모금 마시면서 시작된다. 혀를 마비시키는 자극과 함께 위스키의 향이 입안을 채운다. 입안에서 데워지면서 비강을 따라 위스키 향이 넘어온다. 날숨을 쉴 때마다 위스키 향이 파노라마처럼 밀려온다.

　싱글몰트 위스키를 한입에 털어 넣는 것은 생선 초밥을 씹지 않고 삼키는 것과 같다. 고급 위스키의 향기 퍼레이드를 놓치기 때문이다. 이 향기 퍼레이드는 물질마다 휘발하는 온도가 조금씩 달라 생기는 현상이다. 위스키를 입에 조금 머금고 있으면 향기 분자가 순서대로 휘발하면서, 밀려오는 파도처럼 후각 수용체를 자극한다. 위스키에 물을 타서 마시는 이유도 향기 분자를 몰아내기 위해서다. 물을 타면 알코올 농도가 낮아진다. 향기 분자는 알코올 농도가 낮아지면 잘 녹아 나오지 않는다. 대부분 기름에 잘 녹는 친유성 물질이기 때문이다.

　물을 섞어 뿌옇게 만들어 마시는 술도 있다. 대표적으로 프랑스의 압생트나 그리스의 우조 같은 향이 강한 술이 있다. 마찬가지로 알코올 농도가 낮아지면 농축된 향기 물질이 녹아 있지 못하고 기름 알갱이처럼 응결된다. 미세한 향기의 알갱이가 떠다니는 술이 된다. 초콜릿 향을 섞은 게 아니라, 마치 초코칩 쿠키같이 향기 알갱이가 알알이 퍼져 있는 것이다. 마시면 향기 알갱이가 입속에서 방울방울 터지며 우리의 후각을 자극한다.

　증류주의 또 다른 영문 이름은 스피릿spirit이다. 본래 정신이나 영혼이라는 뜻의 단어다. 증류하여 얻어진 맑은 액체가 술의 혼이라고 생각했던 것 같다. 증류하고 남은 술이 부패하는 것을 보면서 그런 생각을 했을 것 같다. 사실은 알코올 농도가 낮아져 부패균이 자라는 것인데 말이다. 부패하면 악취가 나지만 증류주는 향기를 머금고 있다. 술의 혼이 담겨 있는 증류주는 대부분 향이 강한 술이다.

화학적으로는 증류할 때마다 향기가 농축되기 때문이다. 원료의 향기에 효모가 만드는 고급 알코올의 향이 더해지고, 오크 향과 숙성 향까지 섞인다. 증류주는 맛보다 향이 중심인 까닭이다. 증류 향의 세계를 알면 알수록 술맛의 깊이도 더해 간다.

백조의 목에서 위스키 향을

위스키의 향은 증류 장치에 따라 달라진다. 특히 백조 목의 모양이 위스키의 향을 결정한다고 말한다. '백조의 목'은 아랍식 증류 장치에서 유래한 알렘빅Alembic 증류기의 특징이다. 백조의 목은 증류 솥과 냉각기를 연결하는 부분을 말한다. 백조의 목을 통과한 술 증기는 냉각기로 보내지고 응측되어 증류액이 된다. 증류 장치의 백조의 목은 매끈한 나팔 모양부터 중간에 볼록하게 튀어나온 것까지 여러 모양이다. 볼록하게 튀어나온 부분이 두세 개인 것도 있다. 백조가 음식을 삼키다 목에 걸린 모양이다. 증발한 술 증기는 백조의 목을 지나야 냉각되어 증류액이 된다. 일부는 백조의 목을 통과하지 못하고 다시 응축되어 솥으로 되돌아온다. 휘발성이 약하거나 쉽게 응축되는 고급 알코올은 백조의 목에 걸리기 쉽다. 결과적으로 증류액의 고급 알코올 또는 고급 알코올 에스터의 종류나 비율이 달라진다. 위스키의 맛이 백조의 목에 달린 이유다.

위스키나 브랜디 회사는 자신만의 특별한 백조의 목 설계가 최고의 맛을 낸다고 주장한다. 심지어 어느 회사는 백조의 목 디자인을 수백 년 동안 그대로 유지했다고 한다.

현대 양조 시설은 깨끗하고 내구성이 높은 스테인리스 스틸로 만들지만, 백조의 목은 여전히 구리로 만든다. 구리의 촉매 작용으로 휴젤 오일에서 비롯된 향이 좋아진다고 생각하기 때문이다. 위스키의 향이 좋아진다는 직접적인 연구 결과는 없지만, 구리 촉매에 의한 증류 화학 반응은 많은 논문으로 확인되었다. 스테인리스 스틸 증류기의 증류액에는 없는 미량의 성분이 구리 증류기로 증류한 증류액에서 검출되었다는 연구도 있다.

미생물의 대사 과정에서 만들어지는 황화합물은 좋지 않은 냄새를 낸다. 주로 숙성시키면 없어지고, 또한 백조의 목에서도 제거된다. 구리의 촉매 작용으로 황화 수소 같은 황화합물이 구리 표면에 결합하기 때문이다. 수년간 사용한 백조의 목 내부는 황화합물이 반응해서 검게 변해 버린다. 백조의 목도 주기적으로 교체해야 한다. 이처럼 백조의 목은 고급 알코올의 교통정리뿐만 아니라 황화합물을 제거하는 역할도 한다. 구리 촉매 화학 반응이 항상 좋은 것은 아니겠지만, 아직 많은 위스키 제조사에서 현대식 스테인리스 스틸 증류 장치가 아닌 전통적인 구리 증류 장치를 고집하고 있는 이유다. 겉보기로 스테인리스 스틸 증류 장치라도 내부에 구리가 도금된 경우가 대부분이다.

위스키의 향이 백조의 목에만 달린 것은 아니다. 위스키 향은 오크통 숙성에서 얻는 것이 절반 이상이다. 오크통에서 충분한 숙성

기간이 필요하다. 스카치위스키용 오크통은 통 장인Cooper이 와인용 오크통을 분해해서 재조립하고 내부를 태워 만든다. 태우는 정도에 따라 맛도 달라지며, 오크통을 만드는 오크의 산지에 따라 향도 달라진다. 위스키 향은 지역에 따른 원료의 향에 숙성 기간이 결정되는 오크 향과 증류주 공장마다 다른 증류향이 어우러진 결과다.

포도를 증류시켜서 만드는 브랜디도 백조의 목이 중요하다. 브랜디의 짙은 향은 포도 테르펜과 고급 알코올 에스터 향이 농축되어 있다. 프랑스 코냑용 샤랑트Charentais 증류 장치는 백조의 목 아랫부분이 양파처럼 불룩하게 튀어나온 부분이 큰 것이 특징이다. 이런 구조 때문에 술 증기가 식어 솥으로 되돌아오는 비율이 높아진다. 포도 테르펜이 농축된 코냑 향을 만드는 비법이다.

 ## 옥수수 위스키와 헤밍웨이의 럼

버번Bourbon은 위스키일까? 한마디로 말하면, 미국에서 만든 옥수수 위스키다. 옥수수로 만든다고 '짝퉁' 위스키는 아니다. 맛과 향이 스카치위스키 못지않다. 대부분 버번은 단맛이 나고 여기에 사과 향, 계피 향, 민트 향, 캐러멜 향, 메이플 시럽 향, 바닐라 향, 오크 향이 느껴진다. 과일 향 대신 페퍼민트나 매운 향이 나는 스파이시 버번도 있다. 원재료인 곡물의 향이 남도록 만들기도 한다. 스카치위스키와 다른 이유는 알코올이 80퍼센트 이상 되도록 증류시켜 미국에서 나는 화이트 오크로 만든 통에서 오래 숙성시키기 때문이다. 스카치위스키의 피트 향이나 몰트 향은 없지만 강한 오크 향에다 숙성할수록 캐러멜이나 바닐라 향이 짙어진다. 피트는 스코틀랜드에서 노천 채굴되는 석탄으로, 진흙이 섞여 있어 토탄이라고 부르기도 한다.

미국산 화이트 오크는 향이 강하다. 유럽 오크보다 탄닌과 오크 락톤Oak lactone의 함량이 높다. 내부를 태운 화이트 오크통에서는 코코넛, 커피, 심지어는 담배 향도 난다. 유럽 오크통에서 추출하는 향과 다르고, 공기 투과율도 높다. 게다가 증류 원액의 알코올 농도가 높아 추출되는 오크 향의 양과 종류가 많다. 효모가 만든 고급 알코올 에스터의 과일 향이나 꽃 향이 오크 숙성 향과 절묘하게 섞여 고급스러운 버번 향이 된다. 고급 버번은 스카치위스키만큼 비싸다.

화이트 오크는 미주리, 테네시, 켄터키주에 많다. 특히 켄터키주는 버번의 고향으로, 버번 카운티는 여러 증류주 공장이 모여 붙은 이름이다. 버번과 비슷한 테네시 위스키도 있다. 증류 원액을 숯으로 걸러 휴젤 향을 완전히 제거하고 화이트 오크통에서 숙성시킨다. 테네시 위스키는 오직 오크 숙성 향으로만 승부하는 술이다. 짐 빔Jim Beam이나 놉 크릭Knob creek은 버번이고, 잭 다니엘은 테네시 위스키다.

그렇다면 럼도 위스키일까? 어쩐지 럼은 해적이나 헤밍웨이를 떠올리게 한다. 쿠바에서 시작했지만, 현재 푸에르토리코에서 생산되는 바카디Bacardi가 가장 많이 팔리는 럼이다. 미국 금주령으로 한

때 쿠바 최고의 산업으로 성장했지만, 카스트로가 권력을 잡으면서 우여곡절을 겪는다. 럼의 원료는 사탕수수인데 럼 향은 어떨까? 럼도 종류가 많아 단정적으로 말하기는 어렵다. 증류 원액을 스테인리스 스틸 통에서 숙성시킨 화이트 럼부터 오크통에서 오래 숙성시켜 짙은 색 럼까지 종류가 많다.

사탕수수 대신 사탕무가 원료인 럼도 있다. 위스키에는 없지만, 럼에는 있는 향 성분은 다마세논damacenone이다. 다마세논은 포도와 와인에도 있는 장미 향이다. 향수의 원료로 사용되는 물질로, 식물에서 흔히 발견되기 때문에 사탕수수에서 유래해 농축된 것으로 추정된다. 럼의 고유한 향 성분으로 2-에틸-3-메틸부틸산도 알려져 있다. 다른 술에는 없는 성분인데, 원재료인 사탕수수 향으로 추정된다.

그러나 럼은 일률적으로 정의할 수 없을 정도로 다양하다. 숯으로 걸러 향을 제거한 럼도 있다. 다마세논은 거의 사라지고 휴젤 향만 조금 남는다. 보드카와 다를 바 없다. 오크통에 숙성시킨 옅은 색부터 내부를 태운 오크통을 사용한 짙은 색의 다크 럼까지 구색을 갖춰 생산된다. 또한 소비자가 원하는 정도의 향을 선택할 수 있다. 화이트 럼이나 라이트 럼은 칵테일 베이스로 사용하기에 적합하다.

세계 위스키 생산량의 절반 이상을 인도에서 생산한다. 많이 만드는 만큼 위스키 소비량 또한 가장 높은 나라가 인도다. 인도의 위스키는 사탕수수로 만들지만, 럼이 아니라 위스키라고 부른다. 인도에서 몰트로 만드는 위스키가 드물다. 재배가 쉬운 사탕수수나 사탕수수 당밀이 흔하기 때문이다. 유럽의 기준으로 위스키의 범주에 포함되지는 않지만, 버번과 다를 바 없다. 어엿한 위스키다.

　럼의 어원에 대해서는 논란이 많지만, 사탕수수의 학명인 사카럼 Saccharum이라는 데에서 유래했다는 것이 가장 설득력 있어 보인다. 스페인어로도 사탕수수를 라틴어 학명 그대로 사카럼이라고 부른다. 스페인이 주도한 제국주의 침략의 시대가 문을 열자 사탕수수, 커피, 설탕, 고무 등을 재배하는 대규모 농장인 플랜테이션plantation과 함께 럼의 역사가 시작되었다. 럼이나 버번, 인디안 위스키는 모두 제국주의의 흔적이다.

백주에서 느껴지는 춘장의 향

중국의 증류주인 백주의 다른 이름은 고량주高粱酒다. 수수의 한자식 표현인 고량으로 만든 술이다. 중국에서는 지역마다 수확하는 곡식의 종류가 다르다. 당연히 술을 만드는 원료도 지역마다 다르고, 거기서 다양한 술을 얻는다. 수수가 부족하면 밀이나 보리, 기장을 섞어 만들기도 했는데, 이 경우 수수로 만든 고량주와 구별하기 위해 잡량주라 불렀다. 쓰촨성에서 만들어지는 명주인 오량액五粮液도 고량수수, 쌀, 옥수수, 찹쌀, 소맥 5가지의 곡식을 사용한 데서 유래한다. 잡량주인데 워낙 좋은 술이었던 모양이다. 수수가 재배되지 않는 중국의 남쪽 지방에는 쌀을 원료로 사용한다. 계림 삼화주는 3가지 꽃 냄새가 나는 쌀 술이다. 요즘은 원료와 관계없이 모두 백주라고 부른다. 백주의 원료는 지역마다 다르지만, 백주 누룩은 밀로 만든다.

백주 밀누룩인 대국은 띄우는 온도에 따라 향이 달라진다. 대국을 띄우는 온도에 따라 달라서 향으로 백주를 나눈다. 일반적으로 장향, 농향, 청향 백주로 구분한다. 이렇게 3종류로만 나뉘는 건 아니다. 지역에 따라 특별한 향으로 유명한 백주가 많다. 술의 온도가 높은 고온 대국에서는 콩이 발효될 때 나는 향기인 장향이 난다. 대표적인 술이 마오타이주다. 마오타이주를 마시면 독한 알코올의 자극이 사라질 때쯤 춘장에서 맡았던 향기가 섞여 있다. 조금 더 있으면 왠지 매력적이고 끌리는 향기로 변한다. 반면 짙은 향을 내는 백주도 있다. 오량액이나 수정방이 대표적이다.

미생물끼리 화학 물질을 분비해서 서로 소통하는 것을 쿼럼 센싱 Quorum sensing이라고 한다. 곤충이나 동물이 의사소통을 위해 분비하는 화학적 신호인 페로몬과 비슷하다. 냄새가 나는 물질을 퍼트려 다른 미생물에게 신호를 전달하기 위해서다. 소리를 내지도 못하고, 서로 볼 수도 없는 미생물의 유일한 의사 전달 수단이다. 누룩의 고온 미생물도 휘발성 물질을 만들어 쿼럼 센싱으로 소통한다. 고온 휘발 물질은 고온에서는 잘 휘발하지만, 온도가 낮아지면 휘발성이 약해진다. 대국이 식으면 이런 방향 물질은 휘발하지 못하고 대국에 갇힌다. 대부분 발효 과정에서 분해되지만, 일부는 남는다. 결국, 증류 농축되어 백주 향으로 남는다. 우리 누룩이나 일본 코지를 띄우는 온도는 높지 않다. 보관하는 동안 방향 물질은 휘발해서 없어진다. 누룩의 맛은 남지만 누룩 향이 적은 이유다. 반면 백주에는 고온 미생물이 만든 방향 물질이 온도가 낮아더라도 없어지지 않고 남아 있다.

반고체 발효도 백주의 특징이다. 우리나라 술은 고두밥에 누룩을 섞어 넣고 물을 부어 액체 상태로 발효한다. 반면 중국 술은 수수에 밀누룩을 섞고 밀폐시켜 오래 발효시킨다. 물을 첨가하지 않기 때문에 반고체 발효라고 부른다. 물을 사용하지 않는 중국 요리법과 일맥상통한다. 발효를 마친 후에도 김이 모락모락 나는 수수 낱알은 그대로 있다. 자오페이酒醅라고 부르는데, 알코올에 절어 술 냄새가 나고 말랑말랑하게 약해져 있을 뿐이다. 자오페이를 퍼낸 다음 증기를 불어넣어 증류시키면 무색투명한 백주를 얻을 수 있다. 증류시켜 알코올을 뺀 수수에 누룩을 섞어 여러 번 다시 발효시킨다. 수수의 녹말이 모두 소진될 때까지 거듭 사용한다. 마오타이주는 9번 발효시키고 8번 증류하는 방식으로 만든다. 이렇게 증류시켜 얻은 백주는 독에서 숙성시켜 완성한다.

 ## 고구마와 감자로 만든 술

과거에는 고구마나 감자로 만든 소주가 있었지만, 지금은 그런 소주를 찾아보기 어렵다. 아마도 고구마나 감자의 가격이

지나치게 높아졌기 때문일 것이다. 전통 민속주로 감자술이나 '뚱딴지'라고 불리는 돼지감자로 만든 생뚱딴지 막걸리와 동동주 정도가 겨우 명맥을 유지하고 있다. 감자로 위스키도 만들 수 있다. 실제로 아일랜드 술 포틴Poitin은 감자를 주재료로 사용한다는 점을 제외하고는, 위스키 제조법과 같다. 몰트와 감자를 섞고 당화 후 걸러 내 발효시키는 것이다. 과거에는 증류한 후 바로 마셨지만, 지금은 오크통에서 숙성시킨 제품이 판매되는데 국내에서는 맛보기 어렵다. 당연히 감자 냄새는 나지 않는다. 이밖에도 막걸리부터 동동주, 소주, 위스키까지 감자로 만들 수 있는 술은 많다.

보드카도 감자술이다. 다만, 감자로만 만들지는 않고, 곡식이 흔하면 곡류를 쓰고, 채소나 과일도 사용한다. 감자가 많은 곳에서는 당연히 감자를 주로 사용한다. 보드카는 러시아를 비롯하여 동유럽에서 많이 소비되는데, 이 나라들을 '보드카 벨트'라고 부른다. 모두 위도 45도 북쪽에 있고, 알코올 소비가 높은 나라들이다. 보드카는 증류 과정을 통해 순수한 알코올을 얻고, 여기에 물을 섞어 만든 술이라서 당연히 감자 맛은 없다. 단식증류가 아니라 분별 증류 기술을 사용했기 때문이다. 퓨젤 향이나 원료 향이 섞이지 못하게 순순한 알코올을 분리해 내는 기술이다. 이런 현대식 증류 기술은 감자술의 출신 성분까지 세탁해 버린다.

우리가 마시는 소주의 원료는 무엇일까? 우리가 마시는 희석식 소주의 원료로 1960년대에는 고구마를 사용하기도 했지만, 1980년대 이후부터 타피오카를 수입해서 사용하고 있다. 타피오카만 사용하는 것은 아니고, 국내에서 생산되는 곡류를 일부 국가로부터 수매해 사용한다. 그래도 타피오카가 70퍼센트 이상을 차지한다. 타피오카는 열대 지방에서 나는 카사바 나무의 뿌리에서 얻어진 녹말이다. 그러나 희석식 소주에는 타피오카의 흔적은 보이지 않는다. 감압증류나 연속식 분별 증류라는 고도의 기술을 동원하여 순수한 주정을 만들어 희석식 소주를 만들기 때문이다.

사실 소주와 보드카의 원료가 무엇인지 구태여 따질 필요는 없다. 당분이 많은 재료면 뭐든지 알코올로 만들 수 있기 때문이다. 현대식 분별 증류 장치를 사용하여 순수한 알코올을 얻는 것도 어렵지 않다. 희석식 소주나 보드카는 현대식 증류 장치가 개발된 19세기 이후에 만들어진, 향이 없게 변형된 술이다. 다른 증류주는 대부분 고유의 향이 있지만, 소주와 보드카는 무향 증류주다. 알코올 도수가 다를 뿐이다. 보드카는 40퍼센트, 소주는 20퍼센트 전후다.

아일랜드 사람들의 자부심

연속식 증류 장치는 1820년대 아일랜드에서 최초로 개발되었다. 아일랜드의 아네스 코페이Aeneas Coffey가 발명한 연속 증류기는 위스키의 대량 생산을 가능하게 했고, 현대 정유공업의 원조가 되었으니 대단한 발명이었다. 아일랜드의 위스키 제조의 역사도 스코틀랜드만큼 오래되었다. 아일랜드 사람들은 위스키의 종주국이라는 자부심이 대단하다.

코페이의 연속 증류기는 발전을 거듭하여, 술을 끓이는 솥과 긴 증류탑으로 진화했다. 증류탑의 내부는 다단식 구조로 술 증기가 증류되고 동시에 환류된다. 알코올이 많은 술의 증기는 윗단으로 올라가고 식어서 액체가 되면 아래로 내려온다. 알코올 농도에 따라 나누어지는 정류식 증류 장치로 개발되었다. 증류탑의 상부에서는 고농도의 알코올을, 하부에서는 불순물이 포함된 알코올과 물을 회수할 수 있다는 점에서 혁신적이었다. 정류식 다단 증류탑은 분별 증류를 가능하게 한다. 분별 증류는 끓는 온도에 따라 휴젤 오일을 선택적으로 제거할 수 있게 한다. 단식 증류기보다 알코올 손실도 적고 생산성도 높다. 순수한 주정을 얻을 수 있는 연속식 증류 장치로 개발된 덕에 증류주를 대규모로 생산할 수 있게 됐다. 원료 향도 휴젤 향도 남지 않게 되었다.

연속식 분별 증류 장치는 19세기 말에 일본에도 도입되었다. 당시 일본에는 단식 증류기를 사용한 전통 소주가 이미 여러 종류 있었다. 그러나 연속 증류기로 만든 소주는 품질이 일정하고, 대량 생산이 가능하며, 가격까지 싼 신식 소주로 소개되었다. 신식 소주는 갑류 소주*라는 이름으로 일본식 소주 시장을 짧은 시간에 석권했다. 단식 증류로 만드는 전통 소주는 순식간에 을류 소주가 되었다. 이후 주세법 개정으로 2회 단식 증류한 일본 전통 소주는 본격 주

---

*   일본은 회석식 소주를 갑류 소주, 전통 증류식 소주를 을류 소주로 분류한다.

라는 이름으로 분류해 판매되었다.

연속식 증류 장치는 우리나라에도 도입되었다. 1924년에는 연속 증류기로 알코올 순도가 높은 주정으로 만드는 희석식 소주의 판매가 허용된다. 소규모 소주 양조장은 사라지고 일본식 제조법으로 대량 생산된 소주가 등장했다. 일제 강점기가 끝날 무렵, 기존의 연속 증류기를 개량하여 무수 주정을 생산할 수 있는 증류 장치가 도입되게 된다. 일제는 이를 이용하여 세금 징수와 자본 점령에서 나아가 전쟁 물자를 탈취하는 데까지 이르렀다. 무수 주정은 수분이 전혀 포함되지 않은 순수한 알코올이다. 이 무수 주정은 전쟁용 폭발물의 원료나 연료로 사용되었다. 1943년 동양척식주식회사는 제주항 근처에 수천 평 규모의 무수 주정 공장을 완공했다. 물론, 전쟁을 위한 물자로 사용하려는 목적이었다. 공장을 가동시키려고 제주 지역에서 나는 고구마나 곡류를 사용했다. 이를 위해 농가에서는 고구마를 얇게 썰어 말린 '절간 고구마'를 만들어 공급해야만 했다. 사람이 먹을 음식도 모자라던 시절이었다.

소줏고리로 소량 만들어 자가소비하는 우리 전통 소주는 일제 강점기에 대부분 사라졌다. 우리 고유의 술이 주류 면허제의 도입으로 밀주로 전락했고, 일본식 소주 증류 장치를 갖추고 면허를 받아야 했다. 광복 이후 혼란기에는 증류식 소주와 일본의 갑류 소주인 희석식 소주가 공존했다.

우리나라에서 처음으로 희석식 소주를 취급한 회사는 어디일까? 기록에 따르면 목포에서 청주를 주로 제조하던 삼학이 1957년 서울에 희석식 소주 공장을 짓고 삼학 소주를 개발 및 판매해 선풍적인 인기를 누렸다. 당시 소주 시장을 독점하기까지 했다니, 그 기세가 대단했던 모양이다. 이어서 진로 소주가 등장해 각축전을 벌였다. 그러나 1965년 양곡관리법과 1970년대 1도 1주 정책이 시행되면서, 주정을 생산하는 회사가 분리되었고 각도를 대표하는 소주 회사는 하나씩만 남기고 문을 닫아야 했다. 바야흐로, 희석식 소주의 시대가 시작된 것이다.

 ## 한국 소주의 이름과 원형

우리나라를 대표하는 술, 소주의 '소'는 한자로 불사를 소燒 자다. 쓰레기를 소각한다거나 목조 건축물이 전소했다는 표현처럼 불에 타 없어진다는 뜻이다. 증류주를 태우면 불꽃과 함께 사라지는 것을 묘사한 탁월한 작명이다. 서양의 증류주에도 비슷한 용어가 있다. 알코올의 농도를 나타내는 프루프Proof가 그것이다. 알코올의 농도가 약 50퍼센트 이상 되면 증류주는 불이 붙는다. 여기서 알코올 도수를 나타내는 프루프 단위가 유래하게 되었다. 불이 붙을 정도로 알코올이 충분하다는 증명이다. 위스키 라벨에 100프루프로 표시되어 있으면 알코올 농도로 50퍼센트라는 뜻이다. 과거 소주의 알코올 함량이 어땠는지 알 수 없지만, 불이 붙을 정도로 알코올 농도가 높아야 소주라고 불렀을 것 같다. 요즘은 소주의 알코올 함량이 낮아져 불이 붙지는 않지만, 그래도 이름은 여전히 소주다.

　몽골에서 전해진 아락이 소주의 원형이라는 주장도 있다. 그렇다면 아락이라는 말이 없어지고, 어떻게 소주라고 부르게 되었을까? 사실 소주는 그전부터 있었다. 현재 중국의 증류주는 백주이지만, 당송의 문헌에는 백주와 소주가 함께 등장한다. 당나라의 시인 백거이는 처음 소주를 개봉하면 호박 향이 난다고 했다. 밭에서 나는 호박이 아니라 송진이 굳어 만들어진 보석 호박을 말한다. 호박을 가열하면 소나무 향이 나는데 이것이 호박 향이다.

　중국의 검남소춘이라는 증류주가 당시의 문헌에 소개되어 있다. 소춘의 소 자도 불사를 소 자를 쓴다. 지금은 소 자는 빠지고 금남춘이라는 백주로 바뀌었다. 원료는 쌀, 안남미, 옥수수, 수수로 만든다. 검남은 지금의 쓰촨성이다. 중국의 주요 수수 재배와 무관한 지역이다. 중국의 증류주는 명과 청나라를 지나면서 대량 생산의 시기로 접어들고, 제조 방법도 수수를 사용하는 반고체 발효법으로 바뀌었다. 소주라는 명칭은 사라지고 증류주는 서서히 백주로 변해갔다.

　우리나라에서 소주가 본격적으로 소비되기 시작한 것은 몽골 침략 시기가 맞는 것 같다. 병자호란 이후 소주에 대한 기록이 많이 남아 있기 때문이다. 이후 조선의 양반 사회에서 소주의 소비는 비약적으로 늘었다. 소주에 대한 기록은 고려사《승정원일기》《조선왕조실록》에도 많이 등장한다.《조선왕조실록》에서 소주를 한자로 검색하면 모두 176건의 기록을 찾을 수 있다. 첫 번째는 921년(태조 4년) 이성계의 맏아들인 이방우가 소주를 좋아해서 많이 마시다가 죽었다는 내용이다. 소주가 어지간히 독했던 모양이다. 소주를 마시고 죽었다는 내용이 몇 건 더 등장하지만, 실록에는 소주 몇십 병을 임금이 하사했다는 구절들이 많다. 또한 사대부들이 소주를 내려 마시는 것을 비난하는 내용도 있다. 기록된 것으로는《음식디미방》과 같은 문헌에 여러 종류의 가양주 이름은 조선 후기부터 실록에 가끔 등장한다. 소주는 지금처럼 술의 종류가 아니라, 증류주를 통칭하는 단어처럼 쓰였다고 생각하는 편이 합리적으로 보인다. 일제 강점기에는 집에서 술을 빚는 것이 금지되었고, 술을 만들고 팔 수 있는 면허제가 시행되었다. 주세도 걷기 시작했다. 1920년대 중반의 기록에는 면허를 소지한 소주 제조 업체가 3,000여 곳이 넘게 생겨났다. 증류주를 의미하던 소주는 이제 우리가 가장 많이 마시는 술의 이름이 되었다.

 ## 자꾸 생각나는 소주의 쌉싸래한 맛

희석식 소주는 향이 없는 대신 맛이 일품이다. 가끔 주변의 소주 마니아에게 소주의 맛을 물어보곤 하는데, 단맛이 난다고 할 때도 쓰다고 할 때도 있다. 사실 누구에게나 소주가 쓴 날이 있고, 달게 느껴지는 날도 있다. 소주의 교차하는 단맛과 쓴맛은 알코올 때문이다. 알코올의 맛에 대한 한 연구에 따르면, 실험에 참여한 사람의 약 25퍼센트는 단맛이 난다고 했고 10퍼센트는 쓴맛이 느껴진다고 답했지만, 나머지는 아무 맛도 느끼지 못했다고 한다[7]. 고도로 정제된 순수한 물에 순수한 알코올을 섞어 여러 사람에게 맛보게 했을 경우다. 약 셋 중에 둘은 아무런 맛을 느끼지 않았지만, 나머지 사람들은 단맛이나 쓴맛을 느낀다고 대답한 것이다. 어떻게 사람에 따라 알코올의 맛이 다르게 느껴질까. 화학적으로 알코올은 무색·무취·무미라고 알려져 있는데 말이다.

　우리의 혀에는 맛을 느끼는 세포의 표면에 단맛과 쓴맛을 내는 물질을 인지하는 수용체 단백질이 있다. 단맛이 나는 물질이 수용체 단백질에 달라붙으면, 신경세포를 거쳐 신호가 전달된다. 쓴맛도 마찬가지다. 그러나 신맛과 짠맛을 느끼는 방식은 조금 다르다. 수용체 단백질이 따로 존재하지 않는다. 신맛은 수소 이온, 짠맛은 나트륨 분자를 세포가 나트륨을 흡수하는 방식으로 맛을 인지한다. 그래서 우리는 단맛, 쓴맛, 신맛, 짠맛을 느낄 수 있다. 가끔 감칠맛이라고 번역되는 우마미를 포함해 5종류의 맛이 있다고 하지만, MSG를 개발한 일본의 아지노모토가 전성기에 뿌려 놓은 연구비로 맛의 종류마저 왜곡시킨 결과라고 의심된다. MSG를 인식하는 수용체 단백질은 단맛 수용체의 한 종류이기 때문이다.

　사람의 단맛 유전자TAS1Rs는 3가지뿐이다. 단맛 수용체가 3종류가 만들어지며, 그중 2개씩 짝을 지어 작용한다. 설탕이나 포도당은 단맛 수용체 1-2번 짝에 작용한다. MSG를 포함하여, 알라닌, 글리신 같은 아미노산은 1-3번 단맛 수용체 짝에 작용하여 단맛을 낸다. 숙성시킨 고기나 생선회의 단맛이 바로 단백질이 분해되어 얻어지는 이러한 종류의 아미노산 때문이다.

쓴맛은 기본적으로 독의 맛이어서 우리 유전자는 쓴맛을 싫어하고, 거부하도록 진화했다. 그러나 기분 좋은 쓴맛도 있다. 이를테면, 맥주에 들어가는 홉의 쓴맛이다. 맥주의 쓴맛은 왜 거부감을 주지 않을까? 홉의 쓴맛은 오히려 좋게 느껴지고, 심지어 쓴맛이 적은 맥주는 싱겁다고 생각한다. 어렸을 때 한 모금 마셔 본 맥주는 쓰고 형편없었던 맛으로 기억되지만, 나이 들어 다시 마시는 맥주의 쓴맛은 어느새 매력적으로 변해 있다. 커피나 녹차 그리고 다크 초콜릿의 쓴맛도 마찬가지다. 이것 역시 진화의 유산이다.

인간의 유전자에는 쓴맛을 인지하는 기능에 관련된 부분이 25개나 있다. 인간 유전체의 쓴맛 유전자TAS2Rs는 25개로 알려져 있다. 이로부터 25종의 쓴맛 수용체 단백질이 혀의 맛 세포에 만들어진다. 쓴맛을 인지하고 신경 세포로 신호를 전달한다.

초식 동물은 다양한 종류의 쓴맛을 감지하는 능력이 있다. 인간이 오랫동안 초식 동물에서 진화해 온 흔적이다. 먹어도 되는 쓴맛과 아닌 쓴맛을 구분하고, 독이 아닌 쓴맛은 안전한 먹거리로 머릿속에 기억한다. 독이 아닌 쓴맛을 기억하는 것이 원시 인류의 생존 방식이고, 안전한 먹거리를 확인하는 수단이었다. 쌉싸래하게 쓰지만 먹을 수 있는 것이라고 인지하지 않아도, 이미 우리의 무의식에는 끌리는 맛으로 각인되었다. 그래서 현대인의 기호 식품 중에는 쓴맛이 있다. 원시 인류에게 쓴맛을 구분하는 것이 생존의 수단이었던 것처럼 우리는 쓴맛을 기억하고 즐긴다. 인생의 쓴맛도 반추하면서 산다.

알코올에서 단맛이나 쓴맛을 느끼는 사람들은 특별히 미각이 발달한 것인가? 그럴 수도 있고 아닐 수도 있다. 주변이 조용하면 아주 작은 소리도 또렷하게 들린다. 심지어 소리가 나지 않았는데도 들리는 것 같은 착각이 든다. 우리 감각 기관이 예민해져서 작은 자극에도 예민하게 반응하기 때문이다. 단맛이나 쓴맛을 내는 물질이 없으면 맛을 느끼는 세포는 예민해진다. 알코올은 단맛 수용체 3번 TAS1R3에 약하게 작용하고, 동시에 쓴맛 수용체 38번TAS2R38에 작용한다. 알코올 농도가 올라가면 매운맛을 감지하는 수용체TRPV1에도 작용한다. 이런 이유로 알코올이 어떤 사람에게는 단맛처럼 혹은 어떤 사람에게는 쓴맛을 내는 물질처럼 작용한다. 사람마다 맛 수용체의 숫자나 분포가 다르기 때문이다. 쓴맛 수용체 38번 유전자는 조금씩 변이가 있다. 쓴맛을 느끼는 정도도 사람마다 다르다.

소주는 안주에 따라 쓴맛과 단맛이 교차하는 절묘한 술이다. 생선회 한 점을 입에 넣고 단맛을 느끼며 마시는 소주에서 잔잔한 쓴맛이 밀려온다. 고추냉이를 살짝 바른 생선회 한 점에 이어서 마시는 소주의 맛은 다시 달달하다. 고추냉이 때문에 쓴맛 수용체는 이미 마비된 상태이고 알코올이 단맛 수용체를 자극하기 때문이다. 반면 달짝지근한 간장에 찍어 먹는 회를 안주 삼아 마시는 소주는 짠맛과 어우러지는 쓴맛이 일품이다. 소주는 맵고 짠 탕 종류에도 잘 어울린다. 탕 한 그릇으로 끼니를 때울 때 반주로 소주를 마시는 것인지, 소주의 달큰하고 쌉쌀한 맛이 그리워 무의식적으로 짜거나 칼칼한 탕을 선호하는지 구분할 수 없다.

소주를 좋아하는 주당은 밥을 남긴다. 밥 한술 먹은 다음에 마시는 소주는 정말 쓰다. 단 음식을 먹은 후 마시는 알코올은 쓰고, 쓴 음식을 먹고 난 후 마시는 소주는 달다. 맛 세포는 음식에 있는 단맛을 느끼고, 신경 세포에 입속에 단맛을 내는 물질이 가득하다고 신호를 전달하기 바쁘다. 반면 쓴맛 세포는 한가하다. 소주를 마시면 알코올이 쓴맛 세포를 자극해서 소주의 맛이 쓰다. 반대로 단맛 세포가 한가하면 알코올은 단맛 세포를 자극해서 술이 달게 느껴진다. 알코올 스스로는 맛이 없지만, 안주와 어울려 단맛과 쓴맛이 어우러지는 훌륭한 합주곡을 연주한다. 우리 인생도 달고 쓰기를 반복하지 않는가.

맛을 디자인하는 첨가제

우리가 마시는 희석식 소주는 휴젤 오일을 의도적으로 제거한 무향의 증류주다. 무색무취의 깨끗한 맛을 추구한 술이다. 최근 나오는 희석식 소주 광고 문구에도 깨끗하고 부드럽고 순수하다는 표현이 항상 등장한다. 소주의 향기보다는 순수함이나 깨끗함을 강조한다. 고도의 증류 기술로 원료의 군내와 향미를 모두 제거하는 방향으로, 주정이 제조되기 때문이다. 대나무 숯으로 정제했다는 광고 문구가 눈에 띄는 소주도 있다. 여기에 물과 감미료를 첨가해서 만든다. 알코올의 쓴맛에 어울리게 약한 단맛을 내는 감미료를 사용한다.

　과거에는 유해성 논란으로 한동안 금지되기 전까지 사카린 소주가 대세였던 때가 있었다. 사카린은 설탕보다 수백 배 단맛이 나는 화학 합성 인공 감미료다. 이후엔 화학 합성이 아닌 식물에서 추출한 스테비오사이드가 감미료로 등장했다. 스테비오사이드 역시 유해성 논란으로 한동안 금지된 후 스테비올배당체와 효소처리스테비아로 돌아왔다. 현재 주세법 시행령에서 허용하는 소주 첨가제는 아스파탐, 사이클라메이트, 아세설팜칼륨, 수크랄로스 같은 합성감미료부터 설탕이나 벌꿀처럼 자연에서 얻을 수 있는 재료까지 다양하다[8]. 자일리톨 껌의 성분인 자일리톨, 에리스리톨 같은 당알콜이나 아미노산도 감미료로 사용한다. 모두 단맛 수용체에 작용하는 물질이기 때문이다.

　감미료 분자가 단맛 수용체에 결합하거나 자극하는 방식도 조금씩 다르다. 설탕이나 아스파탐은 단맛 수용체 1–2번 짝에, 사이클라메이트는 1–3번 짝에 작용한다. 수용체 단백질은 세포의 신호 전달 기능을 활성화하고, 수용체 세포는 연접한 신경 세포를 자극한다. 뇌에서 단맛을 인지하게 된다. 설탕 분자는 정확하게 맛 수용체를 자극하지만, 수용체에 느슨하게 결합하거나 잘 빠져나오지 않아 이상한 뒷맛을 남기는 감미료도 있다. 사카린이나 아세설팜칼슘 같은 감미료 분자는 단맛 수용체도 자극하지만, 쓴맛 수용체에도 TAS2R43과 44에도 작용한다[9]. 같은 감미료라도 쓴맛 수용체가 많은 사람은 단맛을 약하게 느낀다.

소주의 맛은 소량 첨가하는 첨가제와 알코올의 맛이다. 재료 향이나 퓨젤 향이 거의 남지 않아 첨가제의 맛으로 자웅을 겨뤄야 한다. 요즘은 자일리톨이나 에리스리톨이 대세다. 여기에 다른 첨가제 1~3종을 넣는다. 최근 출시 1년 만에 부산 지역의 시장 점유율을 60퍼센트까지 잠식한 대선 소주에는 첨가제가 무려 10종이나 들어 있다. 그중 토마틴Thaumatin, 결정과당, 자일리톨, 벌꿀, 효소처리스테비아, 글리신, 트레오닌threonine은 감미료다. 사람마다 조금씩 다르게 느끼는 단맛을 공략하기 위한 전략인 것 같다. 여기에 아스파라진asparagine과 류신이 첨가된다. 류신은 쓴맛이 나는 아미노산이지만, 다른 쓴맛을 줄인다. 류신은 단백질 가수분해 헬스 보조 영양제에 첨가하는데, 아미노산 혼합물의 쓴맛을 줄이는 역할을 한다. 쓴맛 수용체에 결합해 불쾌한 쓴맛 분자가 수용체에 작용하는 것을 막는다. 맛의 과학이 없었던 과거엔 오랜 경험을 통한 비법이 중요했지만, 이제는 합리적으로 맛을 디자인할 수 있다. 소주 첨가제가 현대판 맛의 신세계를 열지도 모르겠다.

보드카도 비슷한 이유로 무향의 술이 되었다. 보드카는 단식 증류기를 사용하던 과거에는 헤드 증류액을 버리고 활성탄으로 여과해서 퓨젤 오일을 제거해서 만들었다. 또 증류 과정을 반복하여 알코올 농도가 90퍼센트가 넘는 주정을 만들고 물로 희석하여 알코올 농도가 40퍼센트인 보드카를 제조했다. 기본적으로 설탕이나 글리세롤을 0.1~0.2퍼센트 첨가한다. 농도가 낮아 뚜렷한 단맛을 기대하기는 어렵지만, 보드카를 즐기기에는 적당한 농도다. 여기에 구연산을 첨가해서 약한 신맛을 더하기도 한다. 가향 보드카도 있다. 레몬이나 오렌지부터 각종 베리나 딸기의 향기를 더하는 것이다. 멋있는 술병에 담겨 그냥 마시기도 하고, 칵테일로도 즐긴다. 전통 가향 보드카는 우리가 소주를 부어 인삼주를 담듯이 만든다. 보드카도 소주처럼 담금주로 사용한다. 우리의 과일 맛 소주처럼 보드카를 이용한 침출주가 상품화된 것이다.

보드카도 그렇지만 무향 소주가 우리 술의 중심이 되었다. 그 이유는 산업화와 함께 달려 온 지난 반세기 동안 형성된 집단 음주 문화의 영향이 크다. 향이 짙은 술은 많이 마시기 어렵다. 또한, 마시는 사람에 따라 호불호가 갈린다. 저녁 회식 자리에서 주거니 받거니 마시는 술은 호불호가 갈리지 않는 무향의 소주가 적격이다. 보드카는 한 병 이상 마실 수 있지만, 위스키는 그렇게 마시기 어렵다. 휴젤 오일이 숙취의 원인이기도 하지만, 술이 무척 센 사람이라도 향에 질리게 마련이다. 한편, 연속식 증류 장치를 사용하여 효율적으로 주정을 제조하고 희석하여 소주를 만들면, 제조원가도 낮아진다. 산업화 시대의 대중적 수요에 부응할 수 있는 술이 바로 희석식 소주다.

산업 혁명과 위스키 시대

위스키는 애초에 스코틀랜드 북부의 농가에서 겨울에 마실 목적으로 남은 곡식을 사용해 소규모 생산하던 술이다. 소규모 가양주로 생산되던 위스키는 산업 혁명의 시작과 함께 대량으로 만들어지고, 시장에서 판매되는 상품으로 등장하기 시작했다. 위스키를 상업적으로 제조하는 전업 증류주 공장도 우후죽순으로 생겨났다. 영국 BBC방송의 다큐멘터리*에 따르면, 1777년에는 에든버러에는 위스키를 제조하는 증류주 공장이 400개가 넘었다. 이런 위스키 열풍은 산업 혁명의 부산물이었다.

때마침 대규모 증류 장치가 발명되면서, 위스키 생산에 불이 붙었다. 특히, 1826년에 발명된 코페이의 연속식 증류기는 짧은 시간 안에 손실 없이 위스키를 증류할 수 있을 뿐만 아니라, 맥아가 아닌 다른 곡류를 이용해서 증류주를 만들 수 있게 되었다. 위스키 생산량은 1822~1829년 사이에 무려 3배나 증가했다. 글래스고나 에든버러 같은 도시에서는 인구 130명당 술집이 하나일 정도로 위스키 광풍이 몰아쳤다. 게다가 스코틀랜드에서 만든 위스키가 증기선을 타고 클라이드강을 따라 영국 전역으로 퍼져 나갔다. 증류 기술도 산업 혁명과 함께 전 세계로 수출되었다.

---

* 〈The Origins of Whiskey-Addicted ToPleasure〉(2015) BBC에서는 매년 여러 편의 위스키 다큐멘터리를 만드는데, 유튜브로도 볼 수 있다. 영국 위스키 산업의 진정한 후원자다.

당시 위스키는 우리 소주처럼 무색투명했지만, 알코올 농도가 높고 거친 향이 가득한 독주였다. 그러나 마시고 취하기엔 아무런 문제가 없었다. 거친 독주가 만족스럽지 않았는지 증류한 술에 여러 약초나 향초를 첨가한 여러 가향 증류주가 나왔다. 그중에 하나가 주니퍼베리와 여러 가지 식물을 넣어 향을 낸 런던 드라이 진이었다. 청교도들의 미국 이민을 통해서 위스키는 또 다른 변신을 맞게 된다. 신대륙에서 구할 수 있던 옥수수와 귀리를 첨가해서 만든 버번위스키가 그중 하나다. 증류 기술이 쿠바나 자메이카로 전파되면서, 사탕수수를 원료로 한 전통주와 결합하여 럼이 만들어졌다. 멕시코에서는 주로 마시던 풀케가 증류 기술과 접목되어 데킬라로 재탄생하였다.

산업 혁명의 영향으로 위스키 생산만 늘어난 것은 아니었다. 소비하는 사람도 많아졌다. 이전까지는 지방 영주의 농노로 살던 사람들이 이제는 도시 공장에서 근로자로 살게 되었다. 이들은 초기 자본주의 사회의 열악한 노동 환경에 노출되었다. 이러한 환경에서 오는 좌절감을 음주를 통해 잊고자 했고, 위스키의 주류 소비자로 부상하게 되었다. 도시화와 함께 위스키는 새로운 사회 문제가 원인으로 지목되었다. 많은 도시 근로자가 가족은 돌보지 않고 위스키를 소비하는 데 임금의 상당 부분을 대책 없이 써 버렸기 때문이다. 거기다 음주 폭력과 알코올 중독이 사회 문제로 대두되었다. 빈민촌이라는 뜻의 영어 단어 '슬럼'도 이때 등장했다.

물론 영국 정부라고 해서 가만히 있었던 것은 아니다. 조세 정책에서 금주령에 이르기까지, 다양한 방법을 동원해서 위스키 소비를 줄이고자 노력했다. 예를 들어, 1910년에는 술집의 문 닫는 시간을 밤 10시로 제한하고 주류세를 30퍼센트까지 올렸다. 정치인이 금주법을 공약으로 내걸거나, 이를 실제로 시행한 지역도 있었다. 위스키에 175퍼센트의 세금이 부과된 적도 있었다고 하니, 인간의 욕망과 전쟁을 치른 셈이다. 그 위스키와의 전쟁 중에 현재 우리가 마시는 위스키가 탄생하게 되었다.

중독자를 양산한 독주와의 전쟁

현대의 위스키는 오크통에서 오래 숙성시킨다. 길게는 12년, 심지어 30년이 넘도록 숙성시켜 만든 위스키는 오랜 역사가 농축된 느낌을 준다. 그런데 오크통에서 숙성시킨 위스키가 만들어진 것이 겨우 100년 조금 지난 일이라면, 허탈하지 않은가? 그런데 초기에 만들어지던 위스키는 오크통 숙성을 거치지 않은 무색투명한 술이었다. 당시에도 오크통을 사용하기는 했지만 주로 운반 수단이었다. 맛 역시 우리가 지금 알고 있는 위스키와는 매우 달랐다. BBC에서 제작한 다큐멘터리에서 전통 방식으로 만든 위스키를 시음하는 모습을 방영한 적이 있는데, 시음한 사람들은 이를 향이 진하고 약간 기름기가 있는 독주라고 표현했다.

이렇게 위스키가 독한 이유는 스코틀랜드, 그중에서도 북서쪽의 고원 지역인 하일랜드에서 주로 만들어졌기 때문이다. 이 지역을 배경으로 하는 영화 〈하이랜더〉를 보면 황량하고 음산한 고원이 끝없이 펼쳐진다. 이러한 지역에서 기나긴 겨울을 나기 위해서는 알코올 도수가 높은 술이 필요했을 것 같다. 스코틀랜드 사람들은 대부분 추수한 곡식을 일부 따로 덜어놓고 위스키를 만드는 데 사용했다. 음산하고 긴 겨울을 견디기 위해서는 어쩌면 배부르게 먹는 것보다 목구멍을 따라 타는 듯 흘러 들어가는 독주가 더 필요했을 것이다. 이전의 술에서는 맛볼 수 없던 진하고 독특한 향미를 갖춘 위스키는 이렇게 추운 겨울나기 술로서 오랫동안 사랑받고 있다.

위스키는 증류나 숙성 과정이 훨씬 더 중요하기 때문에 발효 과정은 잘 언급하지 않는 경우도 많다. 그러나 발효 과정에서 불순물이 적은 알코올을 얻어야 증류 과정에서도 좋은 위스키를 만들 수 있다. 매싱 공정에서 맥아즙을 만들고, 효모를 첨가해 발효시키는 과정은 맥주를 만드는 방법과 같다. 다만 홉을 넣지 않는다. 발효시킨 무홉 맥주를 만들어, 이것을 증류하는 과정을 거친 다음, 오크통에서 오랫동안 숙성시켜 위스키를 만든다. 오크통이 언제부터 사용되었는지는 정확히 알 수 없다. 오크통은 나무의 특성상 썩으면 사라져서 흔적조차 없어지기 때문이다. 그러나 토기에 비교해서 잘 깨지지 않기 때문에 술을 상품으로 거래하는 데에 중요한 역할을 했을 것으로 보인다.

산업 혁명으로 공장 노동자가 급속하게 많아지고 위스키 소비량이 지나치게 늘자 위스키를 목통에 담아 이동시키는 경우도 많아졌다. 오크통에 보관해 둔 위스키의 맛이 부드러워지고, 향이 풍부해지며, 갈색으로 변한다는 사실도 운송 과정에서 알게 되었다. 그러나 당시에도 맛보다는 취하기 위해서 마셨던 것 같다. 하일랜드 서남쪽의 캠벨타운을 중심으로 곡물로 만든 위스키라는 뜻의 그레인 위스키가 대량으로 생산되었다.

위스키 소비량이 지나치게 늘어 알코올 중독이 사회 문제로 대두되자, 영국 정부는 조세 정책에서 금주령에 이르기까지, 위스키의 소비를 줄이는 다양한 방법을 동원하여 위스키와의 전쟁을 선포했다. 이후 위스키의 가격이 올라가고, 높은 세금마저 붙자 소비는 차츰 줄기 시작했다. 영국 정부는 위스키의 소비를 감소시키기 위한 충격 요법으로, 위스키는 목통에서 최소 3년을 숙성시켜야 한다는 법을 1915년 제정했다. 단순 증류 위스키는 전멸하고 오크통에서 숙성한 고급 위스키만 남는 계기가 되었다.

특별하고 마법 같은 오크통

무색투명한 증류주는 오크통에서 숙성되면 갈색으로 변한다. 위스키도 처음 증류했을 때는 무색투명하지만, 오크 숙성을 할수록 갈색으로 변한다. 레드 와인을 증류한 오드비 역시 무색투명하지만, 오크통에서 숙성되면서 은은한 갈색을 띠는 브랜디로 변한다. 모든 액체는 오크통에서 숙성시키면 여름철 태양에 그을린

피부색처럼 매력적인 갈색이 된다. 독한 술일수록 빠르게 갈색으로 변하지만, 그래도 최소한 수년의 시간이 필요하다. 스카치위스키는 최소 3년의 숙성 기간이 법으로 규정되어 있다. 고급 위스키 중에는 10년 이상 20년까지 숙성된 것도 흔하다. 시간에 비례해서 갈색이 짙어지지만, 어떤 오크통을 사용하는가에 따라 매우 달라진다.

　오크통 안쪽은 불로 태워서 짙은 검은색이다. 미국식 버번위스키는 안쪽이 숯이 될 정도로 심하게 태운 오크통을 사용한다. 그래서 버번의 색은 위스키보다 대부분 짙다. 오크가 나지 않는 영국에서는 와인이나 셰리를 숙성시킬 때 사용한 중고 오크통을 사용한다. 오크통을 분해해 재조립하고 다시 내부를 살짝 태워서 스카치위스키를 숙성시킨다. 와인은 적당히 그을린 오크통을 사용한다. 오크 향이 필요하지만, 너무 태우면 레드 와인 고유의 색이 퇴색하기 때문이다. 화이트 와인은 내부를 전혀 그을리지 않은 오크통에서 숙성시킨다. 아예 스테인리스 스틸 통을 사용하기도 한다. 술이 갈색을 띠게 되는 이유는 오크통 때문이 아니라, 안쪽을 태웠기 때문이란 것이다. 숯이 되어버린 오크통 안쪽 면에서 나오는 갈색 물질은 무엇일까? 까맣게 탄 오크에서 어떻게 위스키의 붉은빛을 띠는 깊고 은은한 갈색이 우러날까?

　전기 인두로 나무를 살짝 태워 그리는 인두화의 갈색은 상당히 매력적이다. 약하게 태우면 은은한 갈색의 톤을 잘 표현할 수 있다. 위스키의 깊은 갈색만큼 눈길을 사로잡는다. 캐러멜 티크*나 캐러멜 월넛 같은 고급 원목 가구의 재료도 대부분 갈색이다. 칠도 있지만 구워서 만든 목재도 많다. 화학적으로는 모두 캐러멜 반응이다. 당분이 고온에서 분해되고 서로 뭉쳐져서 갈색 색소와 캐러멜 특유의 향을 만드는 현상이다. 맥주의 갈색은 몰트의 당분이 만들지만, 오크통에서 나오는 갈색 물질은 목재의 주성분인 헤미셀룰로스로부터 만들어진 수용성 캐러멜 입자다. 위스키를 숙성시키는 오크통의 안쪽 표면은 숯으로 덮여 있지만, 그 아래 캐러멜 층이 있다. 오크통은 숯, 캐러멜 오크, 오크 목재 층으로 구성된 3단의 복잡한 구조를 가진다. 약하게 공기도 통한다. 저장용 단순한 통이 아니다. 무색투명한 증류주를 은은한 갈색빛을 띠고 오크 향, 스모크 향, 바닐라 향을 머금어 고급스럽게 완성하는 마법의 통이다.

 ## 어디론가 날아가는 '천사의 몫'

위스키의 오묘한 향미는 어떻게 온 것일까? 위스키의 원조인 스카치위스키의 독특한 향미는 3가지에서 나온다. 첫 번째가 피트 향이다. 이는 몰트를 건조시킬 때 사용하는 저열량 석탄인 토탄을 태울 때 나오는 불 맛이다. 두 번째는 위스키 구리 증류기의 촉매작용으로 증류할 때 휴젤 오일에서 다양한 아로마 성분이 나온다. 마지막으로는 오크통에서 숙성시킬 때 생기는 향이다. 결국, 위스키

---

*   조선, 차량, 가구의 재료로 쓰이는 열대성 낙엽 교목.

는 발효 과정보다도 증류나 숙성 과정이 더 중요하다. 전문가들은 위스키 향의 70퍼센트 이상이 오크통 숙성에서 발생한다고 본다.

  오크통이 본격적으로 위스키를 숙성시키는 목적으로 사용된 것은 20세기 초반부터다. 위스키는 오크통 속에서 숙성되면 어떻게 변할까? 스코틀랜드에서는 참나무가 자라지 않기 때문에 과거엔 코냑이나 셰리를 담아 온 오크통을 재사용했고, 미국의 버번을 숙성시키고 폐기하는 오크통을 수입해서 스카치위스키를 숙성시키는 데 사용한다. 나무로 만든 오크통은 통 안팎으로 공기가 통하고, 수분도 증발한다. 술을 꽉 채워서 수년간 보관하면, 알코올과 물이 조금씩 증발해서 없어진다. 특히, 알코올은 물보다 잘 증발하기 때문에 매년 알코올이 1~2퍼센트씩 줄어든다. 이것을 '천사의 몫 Angel's share'이라고 부른다. 반대로 공기도 오크통 속으로 조금씩 스며드는데, 공기 중 산소가 알코올과 목통에서 우러나는 성분들을 조금씩 산화시켜 향미를 변화시키고 부드러운 갈색을 만든다. 또한, 오크 향이 술에 스민다. 이 과정에서 위스키의 향이 반 이상이 결정된다.

  오크통을 태우면 내부는 숯처럼 검게 변한다. 간장을 띄울 때 잡내를 없애려고 숯을 띄우는 것처럼 오크통 내부의 탄화층은 위스키 아로마를 조금 흡착한다. 잡냄새를 제거하듯 좋지 않은 향만 골라서 제거하면 좋겠지만, 실제로는 위스키의 아로마가 모두 줄어든다. 강한 향일수록 많이 줄어드는데, 단순히 양이 많기 때문이다. 후각을 마비시키는 강한 향이 줄어들면, 느낄 수 없던 다른 향도 맡을 수 있어서 위스키 아로마가 다양해지고 균형이 잡힌 듯한 인상을 받는다.

캐러멜 역시 오크통을 태울 때 만들어지는데, 설탕을 연탄불에 가열해서 만드는 뽑기나 커피 원두를 검은색이 두드러질 때까지 볶아서 만드는 다크 로스트에서도 캐러멜이 생성된다. 캐러멜에는 독특한 향을 내는 물질과 미세한 흑갈색 입자를 만든다. 위스키는 서서히 갈색으로 변한다. 알코올은 오크통의 페놀류 물질을 추출하고 서서히 분해한다. 이때 가장 많이 생성되는 물질이 바로 바닐린인데, 이것이 바닐라 향을 낸다. 이와 비슷하게 스카치위스키는 피트 훈연 몰트를 사용한다. 커다란 피자 화덕처럼 생긴 킬른에 피트를 태운 연기를 피워 몰트를 건조시킨다. 건조와 동시에 훈제되어, 피트 향이 밴 몰트가 완성된다.

에필로그

애주가들이 사는 나라

인류는 문명의 시작과 함께 본격적으로 술을 빚고 마셨다. 재화가 부족하고 경제 활동이 지금처럼 활발하지 않았던 과거에는 술을 만드는 일을 국가가 독점해 국가 재정을 충당하는 일이 비일비재하였다. 그래서 주세는 다른 상품과 비교해서 세율이 높은 편이다. 우리나라 애주가들도 2014년부터 주세를 3조 원 넘게 내고 있다. 이른바 '애국 음주 생활'을 하고 있다[1].

한국의 맥주와 소주의 주세는 72퍼센트인데, 다른 OECD 국가와 비교하면 상당히 높은 편이다. 참고로 유럽의 맥주세는 종량제인데 리터당 주로 200~500원에 불과하다. 미국 캘리포니아는 맥주 1갤런당(약 3.8리터) 20센트, 미주리주는 6센트, 테네시주가 가장 높아 1달러를 웃돈다. 한마디로 우리는 높고 선진국은 대체로 낮다.

그러나 선진국이라고 주세가 다 낮은 것은 아니다. 핀란드, 영국, 아일랜드, 스웨덴의 주세는 다른 유럽 국가에 비해 4~5배 정도 높다. 기본적인 물가도 높아 술이 비싼 편이다. 그뿐만 아니라 북극권 국가인 스웨덴, 노르웨이, 핀란드, 아이슬란드에는 아직 주류 판매가 국가 독점 사업이다. 아예 술 쇼핑을 어렵게 만들었다. 독점으로 이익을 추구하는 것이 아니라, 독주의 소비를 줄이기 위한 성격이 강하다. 주세는 담배나 카지노에 붙는 죄악세다. 우리나라에서도 담배 소비를 줄이기 위해서 담배 세율을 인상했듯이, 주세율은 술 소비에 대해 국가가 어떻게 바라보는지를 보여 준다. 나라마다 주세율이 다른데, 나라별로 사람들은 술을 얼마나 마실까? 진정한 술 고래 공화국은 어딜까?

조사 기관에 따라 조금씩 다르지만, 세계은행의 2016년 자료에 따르면 세계적으로 인구당 술을 가장 많이 마시는 나라는 몰도바, 리투아니아, 체코, 독일 순서다[2]. 나라마다 음주를 허용하는 나이는 다르지만, 15세 이상 인구를 기준으로 몰도바와 리투아니아에서는 1인당 연간 15리터 이상 알코올을 소비한다. 나라마다 마시는 술이 서로 달라, 알코올로 환산해서 비교한 것이다. 몰도바는 루마니아와 우크라이나 사이에 있고 인구 300만이 조금 넘는, 전 국토의 5퍼센트가 포도밭인 국가다[3]. 연간 와인을 1억 리터 이상 생산하고, 절반은 수출한다. 기네스북에도 오른 세계에서 가장 큰 와인 저장소가 있다[4]. 지난해까지도 1위를 지켰던 리투아니아는 술과 전쟁이 최근 시작했다. 술 광고를 금지하고 음주 연령을 20세로 올렸다. 매년 증가하는 음주량과 청소년 음주를 줄이기 위한 특단의 정책이다.

세계보건기구나 경제협력개발기구에서 발표한 국가별 알코올 소비 순위에도 조금 차이는 있지만, 동유럽에는 술고래 공화국이 많다. 리투아니아뿐만 아니라 벨라루스, 라트비아, 에스토니아 모두 유럽연합의 평균인 연간 11.3리터를 넘는다. 술을 많이 마시는 특별한 이유가 있을까? 기후 혹은 슬라브 인종의 특성으로 설명하지만, 추정일 뿐이다. 오히려 술값이 싸다는 점이 더 설득력 있게 보인다.

사실은 노르웨이, 스웨덴 사람들은 조금이라도 술값이 싼 핀란드로 방문을 마다하지 않고, 핀란드 사람들은 헬싱키에서 한 시간 거리에 있는 에스토니아에서 술을 산다. 더 싸게 술을 사기 위해 라트비아, 벨라루스, 러시아까지 원정을 간다. 이러한 현실을 반영하듯, 노르웨이 세관은 관대하다. 우리나라는 세관에서 술의 면세 한도가 1병이지만, 노르웨이에서는 와인 2병과 맥주 6캔을 동시에 무관세로 반입할 수 있다. 핀란드는 더 관대하다. 유럽연합 내에서 반입하는 맥주는 110리터, 포도주는 90리터, 증류주는 20리터까지 무관세다. 원정 술 쇼핑의 규모가 어느 정도인지 알 수 없지만, 국경을 넘나드는 술 순례자들 때문에 국가별 술 소비량 통계는 왜곡되어 있다.

통계 때문에 본의 아니게 술고래 공화국으로 오인되는 나라가 또 있다. 프랑스와 스페인 국경에 있는 작은 나라인 안도라 역시 알코올 소비량이 단연 높다. 인구가 8만 명에 불과한데 면세 지역이라 주변 프랑스나 스페인 사람들이 국경을 넘어와 술을 사기 때문에 일인당 술 소비국가 4위에 기록되어 있다. 역시 월경을 마다하지 않는 술 순례자들 때문이다.

맥주를 가장 많이 마시는 나라로 알려진 체코의 연간 알코올 소비량은 14.4리터로 3위를 기록하고 있다. 4위의 독일과 함께 진정한 술고래 공화국일 수 있다. 변함없이 높은 술 소비량을 보이는 이유는 술값이 싸고 남녀노소 모두 마시기 때문이다. 이후 이어지는 순위의 나라들은 대부분 9~11리터 정도의 알코올을 소비한다. 결국 선진국 그룹에 속하는 나라들은 대부분 연간 10리터 전후의 알코올을 소비한다[5]. 예외적으로 선진국으로 분류되는 나라 중에서 술을 비교적 적게 마시는 곳은 일본, 이탈리아, 네덜란드, 스위스인데 연간 알코올 소비량이 대부분 8리터 수준이다. 술을 전혀 마시지 않거나 적게 마시는 나라는 주로 열대 지방에 있는 국가들이 많다. 음주가 아예 금지된 나라도 지구상에는 14개국이나 된다.

국가별 알코올 소비 순위는 조사 기관이나 시점에 따라 달라지고 나라별 특수한 사정이 모두 반영되지 않기 때문에 순위 자체에 너무 집착할 필요는 없다. 그냥 이야깃거리일 뿐이다. 결론적으로 술을 좀 마신다는 나라 사람들은 연간 한사람이 10리터 정도의 알코올을 마신다.

알코올양을 기준으로 보면 전 세계 사람들은 맥주, 증류주, 와인 순서로 많이 마신다. 부피로 따져도 여전히 맥주가 가장 많이 마시는 술이다. 반면 와인은 증류주와 순위가 바뀐다. 와인의 알코올 농도가 증류주보다 낮기 때문이다. 맥주와 와인은 누가 얼마나 마시는지, 또 증류주는 어디에서 만들어지고 누가 얼마나 마실까?

한국인들은 술을 얼마나 마시고 있을까? 한때 한국은 세계 1위의 독주 소비국으로 알려지기도 했다. 우리나라 사람들이 러시아인보다 2배, 미국인보다 4배의 독주를 마신다는 외신의 가십 보도도 있었다. 세계 주당들의 관심거리일 수 있어서인지, 여러 언론에서도 이를 받아서 보도했다. 소주병을 늘어놓고 거나하게 술판을 벌이는 자료 화면과 함께 많은 세계인에게 한국은 독주의 나라로 각인되었을지도 모른다. 그러나 사실은 조금 다르다. 희석식 소주의 원료인 주정 판매가 중복으로 계산돼서 소주 소비량이 두 배로 늘어난 것이다. 틀린 자료 때문에 발생한 일이다. 주정과 희석식 소주를 제조하는 회사가 따로 있는 우리나라의 특이한 주류 산업 구조가 통계 작성시 고려되지 않았다.

실제로 우리나라 사람들은 얼마나 마실까? 세계보건기구의 자료를 보면 우리나라의 술 소비는 조금씩 감소하는 추세이고, 순수한 알코올을 기준으로 약 10.2리터를 마신다[6]. 평균 수준이다. 하지만 평소 주변 사람들의 음주 생활을 보면, 술 소비 상위 국가가 아니라는 점이 의외라고 느껴질지도 모른다. 역시 자세히 들여다보면 상황은 조금 달라진다. 평균은 술을 좀 마신다는 나라들과 비슷하지만, 음주 인구만 따진다면 음주량은 세계 최고 수준이다. 우리나라 음주 인구의 비율은 약 55퍼센트이고, 음주 인구당 알코올 소비량은 27.5리터로 매우 높다[7].

앞서 살펴봤듯이, 술을 좀 마신다는 유럽 국가에서도 15리터 수준이다. 결론적으로 우리나라에서 술을 마시지 않는 사람도 많지만, 마시는 사람은 폭음한다는 것이다. 아직은 술을 즐기기보다 마시는 편이다.

우리는 어떤 술을 마시나? 알코올 소비량 기준으로 소주를 가장 많이 마신다. 한국 주류 산업 협회[8]에서 발표하는 주류 출고 동향 자료에 따르면 소주는 매달 약 1억 리터 가까이 생산된다. 합법적으로 음주 가능한 19세 이상 인구 4,250만 명이 마신다고 가정하면, 평균 22.5리터씩 마신다. 용량이 360밀리리터인 공용 소주병으로 계산하면 연간 한 사람당 63병을 마시는 셈이다.

국세 자료에 따르면 2015년 맥주는 22억 리터가 출고되었다[9]. 우리나라 음주 가능 인구당 52리터씩 마시는 셈이다. 유럽과 북미의 연간 맥주 소비량은 100~150리터다. 맥주가 알코올 소비의 절반을 차지하는 다른 나라에 비하면 우리는 맥주를 적게 마시는 편이다. 맥주의 역사가 깊은 유럽의 맥주 기업 숫자와 비교할 순 없지만, 일본과 비교해도 맥주 제조사가 적다.

우리나라에서 세 번째로 많이 소비되는 술은 막걸리다. 양으로는 맥주의 5분의 1 정도가 소비되고 소주의 절반이지만, 가격이 낮아서 출고액 기준으로 주류 시장의 7~8퍼센트를 차지한다. 주세통계에 따르면 2016년 탁주는 4.2억 리터 출고되었고 금액으로는 4,000억 원이다. 사실 1970년대는 막걸리의 출고량은 10억 리터 이상을 유지했지만, 1988년에는 맥주에, 1989년에는 소주에 추월당했다. 2000년대 초반에는 1.2억 리터까지 줄었지만, 막걸리 열풍을 타고 다시 소비가 증가하고 있다.

위스키와 포도주 소비는 각각 2,000억 원으로 합쳐서 4,000억 원이다. 금액은 많지만, 출고액으로 따지면 포도주와 위스키를 합쳐도 소주의 10분의 1에도 미치지 못한다. 한때 스카치위스키의 최대 수입국이었으나 지금은 거품이 많이 빠진 상황이다. 반면 포도주의 수입은 계속 증가세에 있다. 한-칠레 FTA의 효과로 칠레 와인은 500억 원 규모로 전체 와인 수입의 25퍼센트에 달한다. 이어서 스페인, 이탈리아, 프랑스 순서다. 약 4,500만 병 정도 수입되기 때문에 아직은 음주 가능 인구 1인당 1.5병 수준이다. 우리가 마시는 위스키나 와인은 양은 적지만, 금액 면에서 우리나라의 전통 약주와 청주 시장 규모와 비슷하다.

주세법[10] 분류상 2016년까지 등록된 약주는 160종이 조금 넘지만, 안타깝게도 약주 판매는 저조하다. 연간 출고량은 1,100만 리터로 음주 인구당 반병도 되지 않는다. 청주의 출고량은 1,800만 리터로 약주보다 높지만, 전체 주류 시장에서 미미한 수준이다. 국세 통계 자료에 따르면 약주와 청주를 합쳐도 출고가 기준으로 1,500억 원이 되질 않는다. 백세주의 열풍도 2000년대 초반 매출 1,300억 원을 정점으로 가라앉아 버렸다. 차례주로 인식되는 백화수복이 명맥을 유지하고 있지만, 명절이 아니면 잘 팔리지 않는다.

약주나 청주는 현대의 음식 문화 변화와 잘 어울리지도 못한다. 맵고 짠 음식과 먹기에는 순곡주는 너무 약하다. 간장에 찍어 먹는 생선회에는 어울릴지도 모르지만, 초고추장에 먹는 생선회랑 먹기에는 밋밋하고 고깃집에서 마시기는 어색하다. 그렇다고 맥주처럼 2차 모임에서 마시는 술로 만들기도 어렵다. 한국의 술 산업은 세상에 맞추어 변신을 꾀할 수 있을까.

　글을 마치며 술을 많이 마시는 국가들과 술 소비량 통계를 국가별로 살펴보았다. 술고래라는 오명을 쓴 나라도 있고 통계의 숫자만으로는 미처 잡히지 않는 현실도 있다. 동시대를 살아가는 전 세계의 애주가들은 술을 즐기며, 또 가끔은 술에 기대며 각자의 일상을 풍요롭게 보내고 있다. 이 책으로 그 풍요로움이 더해지길 바라며, 이제 책을 덮고 새로 알게 된 술을 찬찬히 음미해 보자.

주석

프롤로그

1 Hockings, Kimberley J., et al. "Tools to tipple: ethanol ingestion by wild chimpanzees using leaf-sponges." Royal Society open science 2.6 2015: 150150. doi.org/10.1098/rsos.150150

2 철새 떼죽음의 원인은 2012년 미국 캘리포니아 주립대학 과학자들에 의하여 밝혀져 논문으로 보고되었다. - Kinde Hailu, et al. "Strong circumstantial evidence for ethanol toxicosis in Cedar Waxwings Bombycilla cedrorum." Journal of ornithology 153.3 2012: 995-998.

3 술 취한 원숭이 가설은 2004년에 처음 발표되었고, 2014년에 책으로 출간되었다. The Drunken Monkey: Why We Drink and Abuse Alcohol, Robert Dudley, University of California Press.

4 Carrigan, Matthew A., et al. "Hominids adapted to metabolize ethanol long before human-directed fermentation." Proceedings of the National Academy of Sciences 112.2 2015: 458-463.

5 토기 바닥의 파편 조각에 말라붙은 찌꺼기를 추출하여 질량 분석기, 자외선 분광 스펙트럼 분석, 탄소 연대 측정을 통해 술의 원료나 발효 과정의 화학 물질의 존재를 밝혀냈다. McGovern et al., Fermented beverages of pre- and proto- historic China. PNAS 101(51), p17593 2004.

6 수메르 맥주에 대한 자세한 내용은 다음 문헌 참조 : Damerow, Peter. "Sumerian beer: the origins of brewing technology in ancient Mesopotamia." Cuneiform Digital Library Journal 2 2012: 1-20.

7 과거 고대의 맥주처럼 빨대로 술을 마시는 문화가 아직 남아 있다는 사실을 발표한 문헌 : Stockhammer, Philipp W. "Performing the practice turn in archaeology." Transcultural Studies 1 2012: 7-42.

8 와인 발효 흔적도 화학 분석하여 논문으로 발표되었다. Bernard et al. 2011, Chemical evidence for wine production around 4000 BCE in the Late Chalcolithic Near Eastern highlands. Journal of Archaeological Science 38: 977-984.

9 고대 이집트의 와인 역사를 연구하는 포르투갈 노바대학교 연구팀이 구

축한 데이터베이스www.wineofancientegypt.com를 참조.

10 납중독이 로마의 멸망에 영향을 주었다는 가설은 1965년 처음 발표되었
다. Gilfillan S. C. 1965, Lead Poisoning and the Fall of Rome, Journal of
Occupational Medicine. Vol 7: 53-60.

1강

1   조선의 문사 이기지(1690-1722년)의 북경 여행기《일암연기》는 2016년
한국학중앙연구소에서 완역했다.
2   캘리포니아와인협회에서 운영하는 인터넷 웹페이지www.wineinstitute.
org로 와인 산업 분야에 관한 다양한 정보를 제공하고 있다.
3   와인의 향과 맛에 대한 감각적인 설명은 국내에서도 번역 출간된《와인
폴리》혹은 www.socialvignerons.com에서 찾아볼 수 있다.

2강

1   발굴된 유골에 남아 있는 테트라사이클린 항생제의 존재를 최초로 확인한
논문이다. 테트라사이클린의 사용된 흔적이 제시된 이전 논문도 있으나,
질량분석기를 사용해 유골에서 테트라사이클린을 분석한 직접적인 증거
를 제시했다. American Journal of Physical Anthropology Vol:143 2010
2   www.washingtonpost.com. Why Americans have such bad taste in beer.
by R. Ferdman. 2015.6.15
3   A textbook of the science of brewing, E. R. Moritz and G. H. Morris, E.
& F. N. Spon, 1891
4   디아세틸은 맥주에 0.1ppm 이상이 포함되면 느끼한 버터 향을 낸다. 효
모의 종류에 따라 다르고 온도가 높거나 아미노산 특히 발린이 많으면
디아세틸 양이 많아진다. 신맛과 같이 디아세틸 향이 두드러지면 유산균
이나 브레트 오염에 의한 것일 경우도 있다.
5   홉의 학명은 후물루스 루풀루스Humulus lupulus이고, 뽕나뭇과의 여러해살
이 덩굴풀이다. 작은 꽃잎이 모인 솔방울 모양의 꽃에는 수지 형태의 알
파산Humulone과 베타산Lupulone이 2~15퍼센트 포함되었으며, 에센셜 오

일에는 아로마가 포함되었다.

6 Dineley M., Who were the first maltsters? The archaeological evidence for floor malting. Brewer and Distiller International Feb 2016 p 34.

7 merryn.dineley.com

8 볼트에 첨가하는 효모량을 '피치 레이트pitch rate'라고 한다. 효모를 공급하는 회사에서 이 피치 레이트를 자동으로 계산하는 인터넷 웹페이지 서비스를 제공하고 있다. 다양한 맥주 효모를 가장 많이 공급하는 와이스트의 피치 레이트 계산기는 다음을 참조. https://wyeastlab.com/pitch-rate-calculator

9 Walther, A., Hesselbart, A., & Wendland, J. 2014. Genome sequence of Saccharomyces carlsbergensis, the world's first pure culture lager yeast. G3: Genes, Genomes, Genetics, g3-113.

3강

1 조갑연, 이철우 1997, 한국 재래식 누룩 중의 곰팡이의 분리 및 동정. 한국식품영양과학회지, 26(5), 759-766.

2 홍승범 외 2015, 국내에 유통되는 종국 곰팡이의 분류학적 특성 및 안전성. 한국균학회지 43(3), 149-157.

3 Takahashi, M., et al. "GC-O1factometry analysis of the aroma components in sake Koji." Journal of the Brewing Society of Japan Japan 2006. 본 논문에서 발표한 코지 아로마의 주요 성분은 1-octen-3-one mushroom-like , 2-methyl-2-hepten-6-one nut-like , methional potato-like , phenylacetaldehyde rose-like and Z -1, 5-octadien-3-one geranium-like이다.

4 Lee, Sul-mee, Kwang-Jin Shin, and Seung-Joo Lee. "Exploring nuruk aroma; Identification of volatile compounds in commercial fermentation starters." Food Science and Biotechnology 25.2 2016: 393-399. 본 논문에서 조사한 전통 누룩에서 주로 만들어지는 향 성분은 4,6-dimethylundecane, methyl 2-hydroxybenzoate, 1-hexanol, 2-phenylethanol, 3-methylbutanoic acid, and hexanoic acid이다.

5 사람마다 후각수용체 단백질을 만드는 유전자 OR6A2의 염기 배열이

조금 다르다. 고수를 특별하게 괴로운 향으로 느끼는 사람은 10명 중 2
명 정도다. Flavour 2012 1:22 A genetic varient near olfactory receptor
genes influences cilantro preference Eriksson et al.

6   국사편찬위원회 조선왕조실록 인터넷 웹페이지 참조. http://sillok.
history.go.kr/main/main.do

7   이철호 김기명, 옛 문헌에 의한 한국술의 종류와 제조 기술, 전통주류 심
포지엄: 한국의술-그 제조 기술과 품질특성, 한국산업미생물학회, 1993.
10. 23.

4강

1   Levey, M. 1955. Evidences of ancient distillation, sublimation and
extraction in Mesopotamia. Centaurus, 41, 23-33.

2   Zizumbo-Villarreal, Daniel, et al. "Distillation in western Mesoamerica
before European contact." Economic botany 63.4 2009: 413.

3   Zhao, Yuping, et al. 2014. "Variations in main flavor compounds of
freshly distilled brandy during the second distillation." International
journal of food engineering 10, 809-820.

4   Zhang, R. et al. 2013. Aroma characteristics of Moutai-flavour liquor
produced with Bacillus licheniformis by solid-state fermentation. Letters
in applied microbiology, 571, 11-18.

5   후각으로 수집된 냄새 정보를 구분하지 않은 채 맛이라고 생각하는 현상
은 익히 잘 알려져 있다. 관련 문헌 자료도 많지만, 국내에도 번역 출간된
《맛의 과학》(밥 홈즈 저, 원광우 역, 처음북스)에 잘 소개되어 있다.

6   후각수용체 단백질은 후각세포의 표면에 존재하고 냄새 분자를 인지하
는 역할을 한다. 후각수용체 단백질의 종류가 많을수록 다양한 냄새 분
자를 인지하고 냄새를 많이 맡을 수 있다. 후각수용체의 종류는 육식
동물보다 초식동물에서 월등히 더 많다고 알려져 있다. 코끼리 후각수
용체는 Niimura 등이 Genome Research에 보고하였다. doi:10.1101/
gr.169532.113 Genome Research 2014.

7   실험결과가 발표된 논문 : Scinska et al. 2000, Bitter and sweet
components of ethanol taste in humans. Drug Alcohol Dependence,

Vol602:199-206.

8 주세법 시행령 제2조 제1항 관련, 별표1. 주류별첨가재료시행 2018.4.1.,
   대통령령 제28639호, 2018.2.13., 일부개정

9 Kuhn, Christina, et al. "Bitter taste receptors for saccharin and
   acesulfame K." Journal of Neuroscience 24.45 2004: 10260-10265.

에필로그

1 국세청 자료에 따르면 주세는 2014년 3조 926억 원, 2015년 3조 2,275
   억 원, 2016년 3조 2,375억 원이다.

2 세계보건기구WHO에서 조사한 2016년 국가별 알코올 소비량 자료가 세
   계은행의 자료실을 통해 발표되었다(https://data.worldbank.org/indicator/
   SH.ALC.PCAP.LI). WHO는 수년간 자료를 모아 보고서로 발간한다.

3 포도재배면적 1위는 약 10,000km²의 스페인이고, 2위가 8,000km²인 프
   랑스, 3위는 7,700km²으로 이탈리아다. 국토면적의 1~2%가 포도밭이
   다. 뜻밖에도 4위는 중국인데, 5,700km²의 면적에서 포도가 재배된다.

4 밀레스티 미치Mileşii Mici는 총 길이 200km의 지하동굴 와인 저장소다.
   현재 55km만 사용하고, 200만 병의 와인이 보관되어 있다(https://www.
   milestii-mici.md/en/).

5 알코올 소비에 관한 종합 보고서에 따르면 2015년 유럽연합은 10.6리
   터, 북미는 9.1리터, OECD국가는 연간 9.0리터의 알코올을 소비했
   다. Hannah Ritchie and Max Roser (2018) - "Alcohol consumption".
   Published online at OurWorldInData.org.

6 세계은행의 국가별 알코올 소비 통계(https://data.worldbank.org/indicator/
   SH.ALC.PCAP.LI).

7 세계보건기구의 알코올과 건강에 관한 보고서(Global status report on
   alcohol and health 2018, WHO).

8 한국주류산업협회(http://www.kalia.or.kr/)는 연 4회 발간되는 주류산업지
   를 통하여 주류출고량 통계를 발표한다.

9 국세청에서 운영하는 국세통계 인터넷 웹 페이지(http://stats.nts.go.kr/).

10 국가법력정보센터의 주세법 웹 페이지(http://www.law.go.kr/법령/주세법).

지적이고 과학적인 음주탐구생활

초판 1쇄 인쇄 2019년 8월 16일
초판 1쇄 발행 2019년 8월 23일

지은이   허원

발행인   김기중
주간   신선영
편집   박소현, 고은희, 양희우, 최현숙
마케팅   김은비, 김태윤
경영지원   홍운선
펴낸곳   도서출판 더숲
주소   서울시 마포구 동교로 150, 7층 (04030)
전화   02-3141-8301~2
팩스   02-3141-8303
이메일   info@theforestbook.co.kr
페이스북 · 인스타그램 @theforestbook
출판신고   2009년 3월 30일 제2009-000062호

ISBN 979-11-86900-96-3 (03300)

이 도서의 국립중앙도서관 출판예정도서목록(CIP)은 서지정보유통지원시스템 홈페이지(http://seoji.
nl.go.kr)와 국가자료공동목록시스템(http://www.nl.go.kr/kolisnet)에서 이용하실 수 있습니다.
(CIP제어번호: CIP2019029676)